EN
2H
JE CUISINE POUR TOUTE LA SEMAINE
SPÉCIAL GRANDS DÉBUTANTS

STÉPHANIE DE TURCKHEIM

EN 2H JE CUISINE POUR TOUTE LA SEMAINE

SPÉCIAL GRANDS DÉBUTANTS

80 REPAS

FAITS MAISON, SANS GÂCHIS
ET AVEC DES PRODUITS DE SAISON
POUR ACCOMPAGNER VOS DÉBUTS EN CUISINE

PHOTOGRAPHIES
FRÉDÉRIC LUCANO

hachette
CUISINE

Introduction

Le batch cooking spécial « grands débutants » va permettre à tous ceux qui veulent se mettre à la cuisine, mais qui n'osent pas ou qui n'ont pas eu le déclic, de s'y mettre facilement, en douceur et sans stress !

Vous allez apprendre à bien faire les courses grâce aux différentes listes, à vous organiser dans vos diverses préparations, en alternant les cuissons et les réalisations, mais aussi à découvrir, suivre et connaître les fruits et légumes de saison.

Les premières fois, le temps de vous habituer sera peut-être un peu plus long, mais vous prendrez vite le dessus et ce batch cooking spécial « grands débutants » deviendra vite un jeu d'enfant pour vous.

Les recettes sont simples avec beaucoup de légumes et de fruits. Il y a des semaines plus faciles que d'autres, mais c'est aussi en fonction des ingrédients disponibles. Les semaines s'articulent souvent autour d'un plat en cocotte, une soupe ou un velouté chaud ou froid, une tarte, un plat avec des pâtes et des papillotes, ou un gratin ou plat au four.

Alors, allez-y sereinement, enfilez un tablier et mettez-vous en cuisine ! Régalez-vous et faites plaisir à votre famille ou vos amis.

Trucs et astuces pour les grands débutants

Il vous faudra absolument, pour tout bien préparer, une planche et un bon couteau, c'est-à-dire un couteau qui coupe bien ! Rien de pire que de devoir s'y prendre à 10 fois pour couper quelque chose.

Votre plan de travail ou votre table doit être propre et peu encombré.

Jetez ou enlevez au fur et à mesure les déchets.

Surveillez en permanence les cuissons et couvrez les casseroles ou cocottes pour une cuisson plus homogène. Mélangez régulièrement pour que cela ne colle pas ou n'accroche pas. N'hésitez pas à rajouter un peu d'eau.

Grands débutants, goûtez souvent et goûtez tout pour apprendre à mieux connaître et cerner les saveurs. Ne salez ou ne sucrez pas trop, c'est plus facile d'en ajouter que d'en retirer ! Faites-le à la dernière minute, juste avant de servir.

Présentez vos préparations dans de jolis plat, des assiettes, des bols… Parsemez d'herbes ciselées, de bons poivres et de fleur de sel si nécessaire.

Achetez peu, mais de bonnes qualités !

Suivez les étapes

1 Choisissez un menu de saison qui vous tente.

2 Faites vos courses selon vos habitudes pour ne pas perdre de temps. Les ingrédients sont simples donc pas de problème pour les trouver.

3 Bloquez 2 heures dans le week-end, de préférence le dimanche, pour gagner 1 jour de fraîcheur.

4 Préparez tout le matériel dont vous avez besoin sur un plan de travail afin d'éviter de chercher et de vous laver les mains en permanence.

5 Sortez du réfrigérateur et des placards tous les ingrédients à utiliser et mettez le tout à portée des ustensiles.

6 Installez-vous un petit coin confortable et à bonne hauteur, et c'est parti pour 2 heures en cuisine.

7 Laissez refroidir quand c'est nécessaire et conservez les plats, les soupes, les sauces, les vinaigrettes ou les herbes ciselées dans des récipients hermétiques, des bouteilles ou des sachets au réfrigérateur.

8 Suivez ensuite les indications pour chaque soir de la semaine. N'oubliez pas de décongeler la veille quand c'est nécessaire.

Les avantages de cette méthode

• Une semaine calme, tranquille, sans le stress du quotidien familial du dîner à préparer. On rentre détendu et on profite de sa famille sans devoir courir à droite et à gauche pour acheter des ingrédients manquants.

• Un gain de temps indéniable en cuisine avant et après le repas car, comme tout est prêt, vous ne vous retrouvez pas avec une tonne d'accessoires à laver et ranger.

• Des repas sains et équilibrés qui favorisent un bon sommeil et qui, surtout, font plaisir à tout le monde.

• Enfin, plus de gaspillage car tous les ingrédients achetés sont utilisés, pas ou peu de déchets et une économie de budget indéniable car vous ne serez pas tenté de commander ou d'acheter des choses en plus si tout est préparé.

Donc 100 % de bien-être et de sérénité pour toute la famille !

Les inconvénients

Très peu finalement car si, au départ, 2 heures vous paraissent longues et fatigantes, ou difficiles à trouver dans le week-end, une fois que vous avez planifié votre temps et que vous vous y mettez, cela passe vite et vous finissez les préparations sans vous en rendre compte.

Et quelle joie ensuite de voir les boîtes bien rangées dans le réfrigérateur !

Le matériel

Les menus sont relativement simples et conçus pour une famille de 4 personnes, c'est-à-dire un foyer moyen équipé d'un four classique à deux étages et d'une table de cuisson à 3 ou 4 plaques. Pour aller vite et être efficace, les cuissons doivent être faites en parallèle ou s'enchaîner.

Prévoyez des récipients hermétiques et des pots ou bouteilles en verre que vous pouvez récupérer et réutiliser, ainsi que des sachets type congélation.

Avant de vous lancer

• Triez tout ce que vous avez dans le réfrigérateur et le congélateur afin de faire de la place. Jetez les aliments qui sont moisis ou périmés. Utilisez ou dégustez ce qui reste en fonction des dates de péremption.

• Nettoyez le réfrigérateur avec du vinaigre blanc. Une fois le réfrigérateur propre, placez un peu de marc de café dans un petit pot. Mettez celui-ci au fond du réfrigérateur pour éliminer les odeurs.

Les temps de conservation recommandés au réfrigérateur

1 semaine

Salade lavée et bien essorée
Herbes aromatiques lavées
Légumes et crudités préparés et séchés
Vinaigrette

5 jours

Œufs durs
Légumineuses cuites maison

3 à 4 jours

Céréales cuites (riz, blé, quinoa)
Légumes cuits
Soupes, veloutés, gaspachos ou coulis
Gratins
Cocottes préparées

2 jours

Quiches et tartes
Salades composées

À savoir

• Les pommes, les avocats ou les pommes de terre s'oxydent vite et ne peuvent pas se préparer à l'avance.

• Faites cuire les céréales, le riz, les pâtes ou la semoule à la dernière minute pour une meilleure texture, plus *al dente* et plus nature.

• Gardez les plats mijotés dans les cocottes afin de facilement les réchauffer.

• Congelez les herbes pour plus de saveur.

• Consommez les plats congelés dans les 2 mois pour plus de goût et de fraîcheur.

Matériel de base

Un matériel de base pour cuisiner

- 1 économe
- 1 couteau de cuisine
- 1 râpe
- 1 passoire
- 1 planche
- 1 paire de ciseaux
- 1 mixeur plongeant
  ou 1 blender
- 3 casseroles
- 1 sauteuse
- 1 cocotte
- 1 grande poêle
- 1 wok

- 1 plaque à four
- 1 plat à four
- 1 plat à tarte
- 1 saladier
- 2-3 plats de service

Pour conserver les plats et les aliments

Du lundi au vendredi, les plats sont conservés dans des récipients, des bouteilles ou des plats.

Aussi, il faudra prévoir de nombreux récipients, bocaux et bouteilles. Préférez des récipients hermétiques en verre qui peuvent passer facilement au four ou au micro-ondes. Le verre a aussi l'avantage de ne pas garder les odeurs et se lave en machine. On en trouve dans toutes les grandes surfaces aujourd'hui. Gardez les pots de miel ou de confiture pour les sauces et les vinaigrettes. Les bouteilles en verre pour les soupes, les veloutés ou les gaspachos.

Utilisez aussi les sachets zippés de congélation pour conserver les salades, crudités ou herbes ciselées.

En gros, pour un menu, vous aurez besoin de :

- 1 grand récipient ou sachet zippé pour conserver la salade
- 4 à 5 récipients d'1,5 l
- 5 récipients moyens
- 4 petits récipients ou bocaux
- 1 bouteille en verre de 1,5 l

Ayez aussi dans vos placards pour couvrir les plats : film alimentaire, papier d'aluminium, couvre-plat réutilisable en plastique lavable, sachets de congélation grands, petits et moyens.

NGELO
VIGANO

Placard de base

C'est une liste d'ingrédients qui sont souvent utilisés dans les menus. Vérifiez vos placards afin de ne pas en manquer.

Céréales et légumineuses

- Pâtes de toutes sortes : orecchiette, farfalle, coquillettes, spaghettis
- Lasagnes
- Polenta
- Semoule
- Riz
- Blé
- Lentilles

Condiments

- Moutarde
- Vinaigre de cidre
- Vinaigre balsamique
- Huile d'olive
- Huile de tournesol
- Sel
- Poivre noir
- Lait de coco
- Bouillon cube
- Coulis de tomates de type *passata*
- Boîtes de tomates concassées

Fruits secs

- Pignons
- Pruneaux

Épices basiques

- Herbes de Provence
- Origan
- Thym
- Romarin
- Cumin
- Curry
- Noix muscade
- Laurier
- Paprika

Printemps

Menu #1

Courses Menu #1

Courses Menu #1

Légumes/fruits

- 1 botte d'asperges vertes
- 1 botte de radis
- 1 botte de ciboulette
- 1 botte de persil
- 1 botte d'ail des ours
- 1 chou-fleur
- 1 barquette de pois gourmands
- 3 belles pommes de terre bio

Placard de base

- Huile d'olive
- Moutarde forte
- Fleur de sel
- Poivre
- Ail semoule
- Paprika
- Piment d'Espelette
- 1 cube de bouillon de légumes
- Sucre en poudre

Viande/poisson

- 4 blancs de poulet fermier
- 1 barquette de chiffonnade de jambon blanc
- 180 g de crevettes roses décortiquées

Crèmerie

- 4 œufs bio
- 200 g de chèvre frais de type Petit Billy®
- 20 cl de crème fraîche épaisse
- 1 l de lait entier
- 1 petite plaquette de beurre salé
- 1 sachet de parmesan râpé
- 1 pâte feuilletée pur beurre

Épicerie

- 1 gousse de vanille
- 1 bocal de pois chiches (200 g)
- 1 boîte de tomates concassées
- 400 g de riz rond (125 g pour le riz au lait et 275 g pour le riz aux légumes)
- 500 g d'orecchiette
- 60 g de pistaches
- 1 pain complet tranché

Menus de la semaine

Lundi

Plat
Tarte feuilletée aux asperges vertes, chèvre frais, ciboulette et chiffonnade de jambon blanc

Dessert
Riz au lait

Mardi

Cocotte de chou-fleur rôti aux crevettes, pois chiches et épices

Mercredi

Entrée
Radis au beurre salé

Plat
Papillotes de blanc de poulet aux pois gourmands, persil frais, ciboulette et riz rond au bouillon de légumes

Jeudi

Orecchiette au pesto d'ail des ours et parmesan

Vendredi

Potage de fanes de radis, œufs durs et pain grillé au beurre salé

Préparation Menu #1

Au préalable

1) Si vous avez suffisamment de place, sortez les ingrédients dont vous allez avoir besoin pendant cette session de cuisine : tous sauf la barquette de chiffonnade de jambon blanc, la plaquette de beurre salé, le pain complet tranché et les pâtes.
Cela permet d'avoir tout sous la main et de ne pas perdre de temps à chercher les ingrédients dans les placards et le réfrigérateur.

2) Sortez les ustensiles nécessaires :

- 1 planche à découper
- 1 économe
- 1 torchon propre
- 1 plaque à four
- 1 cocotte
- 3 grandes casseroles (ou 1 qui sera lavée dès la fin de la cuisson des aliments)
- 1 petite casserole
- 1 blender (ou robot mixeur)
- 6 récipients : 3 grands récipients (ou 4 verrines) pour le riz au lait, pour les papillotes ou 1 bouteille pour le potage de fanes de radis, 2 récipients moyens pour les radis et pour les œufs, 1 petit récipient (pot) pour le pesto
- 1 sachet pour la ciboulette, 1 sachet pour le persil
- Film alimentaire, papier sulfurisé, papier absorbant

C'est parti pour 2 h de cuisine !

Commencez par préchauffer le four à 180 °C (th. 6).

1 Le riz rond au bouillon de légumes. Émiettez le cube de bouillon dans une casserole, versez de l'eau et portez à ébullition. Versez 275 g de riz rond et faites cuire selon les indications du paquet, soit environ 18 min. Égouttez et laissez tiédir.

2 La tarte feuilletée aux asperges vertes et chèvre frais. Passez les asperges sous l'eau froide et déposez-les sur la planche à découper. Coupez les bouts à environ 2,5 cm. Déroulez la pâte feuilletée sur son papier sulfurisé et mettez-la sur la plaque à four. Disposez le chèvre frais, la

crème fraîche et 1 cuil. à café de moutarde forte dans un bol, salez, poivrez bien et mélangez. Étalez la préparation sur la pâte en laissant 1 cm pour les bords. Déposez les asperges les unes à côté des autres. Versez 1 filet d'huile d'olive et enfournez pour 20 min. Laissez refroidir, puis filmez.

<u>3 Riz au lait.</u> Fendez la gousse de vanille en deux et grattez-la. Versez 1 l de lait dans une grande casserole, ajoutez 1 pointe de couteau de grains de vanille et 4 cuil. à soupe de sucre en poudre. Portez à ébullition et versez 125 g de riz rond. Laissez mijoter 20 min. Versez dans des verrines ou dans un grand récipient et laissez refroidir.

<u>4 Les papillotes de poulet.</u> Passez les pois gourmands sous l'eau froide. Préparez 4 grandes feuilles de papier sulfurisé. Au centre, déposez 1 lit de riz rond cuit au bouillon de légumes. Ajoutez dessus 2 à 3 pois gourmands, puis les blancs de poulet fermier. Répartissez le reste des pois gourmands sur les blancs de poulet, salez, poivrez et versez 1 filet d'huile d'olive. Fermez les papillotes de façon hermétique et enfournez pour 20 min à la suite de la tarte feuilletée. Laissez refroidir et mettez-les dans un grand récipient.

<u>5 La cocotte de chou-fleur.</u> Enlevez les côtes vertes qui entourent le chou-fleur et gardez-les pour le velouté. Lavez le chou-fleur et tranchez-le grossièrement. Égouttez le bocal de pois chiches. Ouvrez la boîte de tomates concassées. Versez 1 bon filet d'huile d'olive dans une cocotte, chauffez doucement et faites revenir le chou-fleur pendant 5 min en mélangeant. Ajoutez 1 cuil. à café d'ail semoule et de paprika, puis 1 pointe de couteau de piment d'Espelette. Mélangez bien et

versez le coulis de tomates et les pois chiches. Mélangez et versez 1 verre d'eau. Couvrez et laissez mijoter pendant 10 min. Ajoutez les crevettes, salez et poivrez. Goûtez pour rectifier l'assaisonnement. Laissez refroidir.

6 Les radis. Préparez les radis et gardez les fanes. Lavez les radis sous l'eau claire et conservez-les dans un récipient moyen.

7 Le potage de fanes de radis. Hachez les côtes du chou-fleur. Lavez bien les pommes de terre (si elles sont bio, ne les épluchez pas, mais dans le cas contraire, mieux vaut ôter la peau) et coupez-les en petits morceaux. Versez 1 bon filet d'huile d'olive dans une casserole, ajoutez 1 cuil. à café d'ail semoule et faites revenir les côtes de chou-fleur, les pommes de terre et les fanes de radis pendant 5 bonnes minutes. Versez 1 bon litre d'eau, couvrez et laissez mijoter 20 min. Mixez, laissez refroidir et versez dans un grand récipient ou une bouteille.

8 Les œufs durs. Mettez les œufs dans la petite casserole, couvrez d'eau et laissez cuire pendant 6 min à frémissements. Laissez refroidir et conservez-les dans un récipient moyen.

9 Le pesto. Passez les feuilles d'ail des ours sous l'eau et séchez-les avec du papier absorbant. Si vous n'avez pas trouvé d'ail des ours fraîche, utilisez de l'ail des ours déshydraté. Dans ce cas, ajoutez 1 à 2 cuil. à soupe dans le pesto. Mettez-les dans le robot, ajoutez les pistaches,

2 cuil. à soupe de parmesan, du sel et de l'huile d'olive. Mixez en pesto et versez de l'huile d'olive jusqu'à ce que la consistance soit souple. Goûtez et rectifiez l'assaisonnement si nécessaire. Versez dans un pot ou un petit récipient.

10 Le persil et la ciboulette. Lavez et séchez le persil et la ciboulette. Ciselez-les finement et conservez-les dans 2 sachets.

Tout est prêt ! Laissez refroidir.

Placez au réfrigérateur :

* La tarte feuilletée aux asperges vertes (se conserve 3 jours)
* Le riz au lait (se conserve 3 jours)
* Les papillotes de blancs de poulet (se conservent 4 jours)
* La cocotte de chou-fleur (se conserve 3 jours)
* Les radis (se conservent 5 jours)
* Les œufs (se conservent 6 jours)
* Le pesto (se conserve 10 jours)
* Le sachet de ciboulette (se conserve 5 jours)
* Le sachet de persil (se conserve 5 jours)

Placez au congélateur :

* Le potage de fanes de radis (se conserve 2 mois)

Résultat Menu #1

 Menu #1

Lundi

Plat
Tarte feuilletée aux asperges vertes, chèvre frais, ciboulette et chiffonnade de jambon blanc

Dessert
Riz au lait

Temps de préparation :
1 min
Temps de réchauffage :
10 min

Ingrédients : la tarte feuilletée, la chiffonnade de jambon blanc, de la ciboulette.
Réchauffez la tarte feuilletée au four pendant 10 min à 180 °C (th. 6). Disposez dessus du jambon blanc et parsemez de ciboulette avant de servir.
Servez le riz en dessert.

Mardi

Cocotte de chou-fleur rôti aux crevettes, pois chiches et épices

Temps de réchauffage : 10 min

Ingrédients : la cocotte de chou-fleur, du persil frais.
Parsemez de persil avant de servir.

Mercredi

Entrée
Radis au beurre salé

Plat
Papillotes de blanc de poulet aux pois gourmands, persil frais, ciboulette et riz rond au bouillon de légumes

Temps de préparation :
2 min
Temps de réchauffage :
10 min

Ingrédients : les radis, la moitié du beurre salé, les papillotes, du persil et de la ciboulette.
Déposez les radis et le beurre sur un plat.
Mettez du persil et de la ciboulette dans 2 petits bols afin de pouvoir en ajouter à votre convenance dans les papillotes.

Jeudi

Orecchiette au pesto d'ail des ours et parmesan

Temps de préparation :
2 min
Temps de cuisson :
10 min

Ingrédients : les orecchiette, le pesto, le parmesan, huile d'olive.
Faites cuire les orecchiette selon les indications du paquet. Versez le pesto dans les pâtes, mélangez bien. Disposez l'huile d'olive et le parmesan sur la table.
Sortez le potage du congélateur et mettez-le dans le réfrigérateur pour le lendemain.

Vendredi

Potage de fanes de radis, œufs durs et pain grillé au beurre salé

Temps de préparation :
5 min
Temps de réchauffage :
10 min

Ingrédients : le potage, les œufs durs, le pain complet, le reste du beurre salé, le reste de ciboulette et de persil, sel et poivre.
Réchauffez le potage dans une casserole. Faites griller des tranches de pain complet. Écalez les œufs. Mettez les œufs sur une assiette, le beurre sur un petit plat et le reste de persil et ciboulette dans un bol. Mettez le tout sur la table sans oublier le sel et le poivre.

Menu #2

Courses Menu #2

Légumes/fruits

- ✱ 1 kg de rhubarbe
- ✱ 1 kg de pommes de terre primeur
- ✱ 2 pommes de terre
- ✱ 1 botte de carottes primeur
- ✱ 1 botte de coriandre
- ✱ 4 têtes d'ail
- ✱ 1 salade frisée

Placard de base

- ✱ Huile d'olive
- ✱ Vinaigre de cidre
- ✱ Vinaigre balsamique
- ✱ Moutarde forte
- ✱ Romarin
- ✱ Fleur de sel
- ✱ Poivre
- ✱ Farine
- ✱ Sucre en poudre
- ✱ Vanille en grains (ou 1 sachet de sucre vanillé)

Viande/poisson

- ✱ 4 grosses côtes de porc (assez épaisses car cela réduit bien à la cuisson)
- ✱ 1 barquette de lardons fumés

Crèmerie

- ✱ 12 gros œufs bio
- ✱ 50 cl de crème fleurette légère
- ✱ 3 cuil. à soupe de crème entière (pour le gâteau)
- ✱ 4 faisselles de brebis
- ✱ 80 g de comté
- ✱ 80 g de gruyère râpé
- ✱ 1 sachet de pecorino râpé (80 g)
- ✱ 1 pâte brisée pur beurre

Épicerie

- ✱ 1 boîte de lait de coco
- ✱ 500 g de spaghettis
- ✱ 1 sachet de croûtons

Lundi

Plat
Frisée aux lardons, dés de comté, croûtons, coriandre et œufs coulants

Dessert
Gâteau 5-4-3-2-1 vanille-rhubarbe

Mardi

Côtes de porc, pommes de terre primeur, romarin et ail confit au four

Mercredi

Quiche aux fanes de carottes et salade frisée moutardée

Jeudi

Spaghettis à l'ail confit et pecorino

Vendredi

Plat
Soupe de carottes primeur au lait de coco et coriandre

Dessert
Faisselles de brebis à la compote de rhubarbe

Préparation Menu #2

Au préalable

1) Si vous avez suffisamment de place, sortez les ingrédients dont vous allez avoir besoin pendant cette session de cuisine : tous sauf les faisselles, les croûtons et les spaghettis.
Cela permet d'avoir tout sous la main et de ne pas perdre de temps à chercher les ingrédients dans les placards et le réfrigérateur.
2) Sortez les ustensiles nécessaires :

- 1 panier à salade
- 1 moule rond à gâteau
- 2 casseroles de taille moyenne
- 1 plaque à four
- 1 poêle
- 1 mixeur
- 1 bol
- 2 saladiers
- 1 planche à découper
- 1 économe
- Film alimentaire, papier sulfurisé, papier absorbant
- 11 récipients : 2 grands récipients pour les côtes de porc et pour la soupe de carottes, 4 récipients moyens pour les pommes de terre, pour les têtes d'ail, pour la compote de rhubarbe et pour les œufs, 4 petits récipients pour les lardons, pour le comté, pour les vinaigrettes, pour l'ail confit, 1 grand sachet pour la salade
- 1 petit sachet pour la coriandre

C'est parti pour 2 h de cuisine !

Commencez par préparer les légumes.

1 La salade frisée. Épluchez, coupez, lavez et essorez la salade frisée. Conservez-la dans un grand sachet.

2 La rhubarbe. Épluchez la rhubarbe et coupez-la en petits tronçons. Mettez la moitié dans une casserole avec un fond d'eau et réservez le reste dans un saladier.

3 Les pommes de terre primeur. Lavez et frottez les pommes de terre sous l'eau.

4 La botte de carottes. Coupez les fanes et lavez-les. Essorez-les dans le panier à salade.

Ciselez-les et réservez-les dans un bol. Frottez les carottes sous l'eau et coupez-les en rondelles.

5 Les 2 pommes de terre. Lavez, épluchez et coupez en cubes les pommes de terre.

6 La coriandre. Lavez, séchez et ciselez la coriandre.

Commencez les cuissons. Préchauffez le four à 180 °C (th. 6).

7 La quiche aux fanes de carottes. Déroulez la pâte dans le moule à tarte. Cassez 3 gros œufs dans un bol, ajoutez les 50 cl de crème légère et fouettez bien. Salez et poivrez. Incorporez le gruyère râpé et les fanes ciselées. Mélangez et versez sur la pâte. Enfournez pour 25 min. Laissez refroidir avant de filmer.

8 La compote de rhubarbe. Ajoutez 4 cuil. à soupe de sucre en poudre dans la casserole contenant la rhubarbe, faites chauffer et laissez compoter pendant 10 à 15 min. Laissez refroidir et conservez la compote dans un récipient moyen.

9 Les œufs coulants. Mettez 8 œufs dans une casserole, remplissez d'eau et faites chauffer. Quand l'eau bout, laissez cuire 4 min. Refroidissez les œufs sous l'eau froide pour stopper la cuisson et conservez-les dans un récipient moyen.

Préparation Menu #2

10 Les côtes de porc. Chemisez de papier sulfurisé la plaque à four. Déposez les pommes de terre primeur, les côtes de porc et les 4 têtes d'ail. Salez, poivrez, parsemez de romarin et ajoutez 1 bon filet d'huile d'olive. Enfournez pour 35 à 40 min. Laissez refroidir et conservez les aliments dans des récipients différents.

11 La soupe de carottes. Mettez les rondelles de carottes et les cubes de pommes de terre dans une casserole, versez le lait de coco et la quantité de 2 boîtes d'eau. Laissez mijoter à petits bouillons pendant 20 min. Salez et poivrez. Mixez et conservez dans un récipient ou 1 bouteille.

12 Les têtes d'ail confit. Prenez 2 têtes d'ail. Ouvrez délicatement les gousses et sortez l'ail confit. Mettez-les dans un petit récipient, salez, poivrez et couvrez d'huile d'olive.

13 Le gâteau 5-4-3-2-1. Chemisez de papier sulfurisé le moule à gâteau. Mettez dans un saladier 5 cuil. à soupe de farine, 4 cuil. à soupe de sucre en poudre, 3 cuil. à soupe de crème, 2 cuil. à soupe d'huile d'olive et cassez 1 gros œuf. Mélangez vivement jusqu'à ce que la préparation soit homogène. Ajoutez les tronçons de rhubarbe, de la vanille, mélangez et versez dans le moule. Enfournez à la suite des côtes de porc pendant 20 à 25 min. Laissez refroidir.

14 Les lardons. Faites griller à sec les lardons dans une poêle et réservez-les sur du papier absorbant. Conservez-les dans un petit récipient.

15 Le comté. Coupez le comté en cubes. Conservez-les dans un petit récipient.

16 La vinaigrette moutardée. Mettez 1 cuil. à café de moutarde dans un bol, ajoutez 1 cuil. à soupe de vinaigre de cidre et 4 cuil. à soupe d'huile d'olive. Salez, poivrez, émulsionnez et versez dans un petit récipient.

17 La vinaigrette simple. Émulsionnez 5 cuil. à soupe d'huile d'olive avec 2 cuil. à soupe de vinaigre balsamique, salez et poivrez. Versez dans un récipient.

Tout est prêt ! Laissez refroidir.

Placez au réfrigérateur :

- Le sachet avec la salade frisée (se conserve 4 jours)
- Le sachet avec la coriandre (se conserve 6 jours)
- La quiche (se conserve 4 jours)
- Les pommes de terre (se conservent 3 jours)
- Les côtes de porc (se conservent 3 jours)
- Les têtes d'ail (se conservent 4 jours)
- Les œufs coulants (se conservent 2 jours)
- L'ail confit (se conserve 4 jours)
- Les lardons (se conservent 4 jours)
- Le comté en cubes (se conserve 4 jours)
- La vinaigrette moutardée (se conserve 6 jours)
- La vinaigrette simple (se conserve 6 jours)

Placez au congélateur :

- La compote de rhubarbe (se conserve 2 mois)
- La soupe de carottes (se conserve 2 mois)

- Filmez le gâteau et conservez-le à température ambiante.

Menu #2

Lundi

Temps de préparation :
10 min

Plat
Frisée aux lardons, dés de comté, croûtons, coriandre et œufs coulants

Dessert
Gâteau 5-4-3-2-1 vanille-rhubarbe

Ingrédients : la salade frisée, les lardons, les dés de comté, les œufs, la vinaigrette balsamique simple, de la coriandre, le sachet de croûtons, le gâteau.
Écalez les œufs.
Disposez la moitié de la salade frisée sur un grand plat de service, parsemez de lardons, de comté, de croûtons, de coriandre et déposez les œufs.
Versez la vinaigrette au balsamique et servez.
Dégustez le gâteau en dessert.

Mardi

Temps de réchauffage :
10 min

Côtes de porc, pommes de terre primeur, romarin et ail confit au four

Ingrédients : les côtes de porc, les pommes de terre primeur, l'ail confit.
Préchauffez le four à 180 °C (th. 6) et enfournez pour 10 min les ingrédients sur une plaque ou dans un plat à four.

Mercredi

Temps de préparation :
1 min
Temps de réchauffage :
10 min

Quiche aux fanes de carottes et salade frisée moutardée

Ingrédients : la quiche, la salade frisée, la vinaigrette moutardée.
Préchauffez le four à 180 °C (th. 6), puis enfournez la quiche pour 10 min.
Versez la vinaigrette moutardée dans un saladier, ajoutez la salade et mélangez.

Jeudi

Spaghettis à l'ail confit et pecorino

Temps de cuisson :
8 min

Ingrédients : les spaghettis, l'ail confit, le sachet de pecorino.
Faites cuire les spaghettis al dente selon les indications du paquet.
Versez-les dans un plat et ajoutez l'ail confit et le pecorino. Mélangez bien.
Sortez du congélateur et mettez au réfrigérateur la soupe de carottes et la compote de rhubarbe pour le lendemain.

Vendredi

Plat

Soupe de carottes primeur au lait de coco et coriandre

Dessert

Faisselles de brebis à la compote de rhubarbe

Temps de préparation :
5 min
Temps de réchauffage :
10 min

Ingrédients : la soupe de carottes, de la coriandre, les 4 faisselles de brebis, la compote de rhubarbe, sucre.
Réchauffez la soupe de carottes à feu doux pendant 10 min.
Démoulez les faisselles sur une assiette et ajoutez la compote de rhubarbe, saupoudrez de sucre selon les goûts.

Menu #3

Courses Menu #3

Légumes/fruits

- ⁕ 1 kg de petits pois frais écossés
- ⁕ 2 fenouils
- ⁕ 4 carottes
- ⁕ 250 g de pommes de terre primeur
- ⁕ 1 botte d'asperges vertes
- ⁕ 1 botte de roquette
- ⁕ 1 botte de menthe
- ⁕ 1 botte de persil
- ⁕ 1 barquette de tomates cerise
- ⁕ 2 oignons jaunes
- ⁕ 2 citrons jaunes
- ⁕ 400 g de fraises

Placard de base

- ⁕ 2 cubes de bouillon de légumes
- ⁕ Huile d'olive
- ⁕ Sel, poivre
- ⁕ Sucre

Viande/poisson

- ⁕ 800 g de bœuf en morceaux (macreuse, gîte)
- ⁕ 4 dos de saumon Label Rouge

Crèmerie

- ⁕ 4 œufs
- ⁕ 50 cl de crème légère
- ⁕ 1 pot de cottage cheese
- ⁕ 1 pot (250 g) de ricotta
- ⁕ 1 petit pot de crème fraîche
- ⁕ 1 sachet de parmesan râpé
- ⁕ 1 pâte brisée

Épicerie

- ⁕ 4 petits pains complets aux lardons
- ⁕ 1 paquet (500 g) de macaronis
- ⁕ 40 g de pignons de pin

Lundi

Plat
Tarte aux légumes de printemps

Dessert
Fraises à la menthe

Mardi

Entrée
Fenouil cru râpé au citron, menthe et huile d'olive

Plat
Dos de saumon aux rondelles de citron et asperges vertes rôties

Mercredi

Gratin de macaronis au pesto de roquette et tomates cerise

Jeudi

Cocotte de bœuf aux légumes et persil frais

Vendredi

Velouté de petits pois à la menthe et cottage cheese

Préparation Menu #3

Au préalable

1) Si vous avez suffisamment de place, sortez les ingrédients dont vous allez avoir besoin pendant cette session de cuisine : tous sauf le cottage cheese, et les petits pains aux lardons que vous pouvez directement congeler.
Cela permet d'avoir tout sous la main et de ne pas perdre de temps à chercher les ingrédients dans les placards et le réfrigérateur.
2) Sortez les ustensiles nécessaires :

* 1 plat à tarte
* 1 robot avec râpe
* 2 plats à gratin
* 1 casserole
* 1 mixeur
* 1 cocotte
* 1 planche
* 1 bol
* 1 saladier
* 1 Économe
* 1 passoire
* 1 cocotte
* 1 grande casserole
* 6 récipients : 2 grands récipients pour les fraises et pour le velouté de petits pois, 1 récipient moyen pour le fenouil, 1 petit récipient pour le pesto, 2 sachets pour la menthe et le persil
* Film alimentaire, papier sulfurisé, papier absorbant

C'est parti pour 2 h de cuisine !

Commencez par préparer les légumes.

1 Les asperges vertes. Passez les asperges sous l'eau et coupez les troncs à 2,5 cm.

2 Les fenouils. Lavez les fenouils sous l'eau claire, coupez le haut des branches et les troncs. Râpez-les en lamelles ou tranches fines à l'aide du robot. Mettez la moitié dans un récipient et réservez l'autre moitié dans un saladier.

3 Les citrons. Coupez 1 citron en rondelles fines et pressez le jus du second citron.

<u>4 Les carottes.</u> Frottez les carottes sous l'eau claire. Passez-en 2 dans le robot et coupez les 2 autres en rondelles.

<u>5 Les pommes de terre.</u> Lavez les pommes de terre.

<u>6 Les oignons.</u> Épluchez les oignons et ciselez-les.

<u>7 Les fraises.</u> Passez les fraises sous l'eau et équeutez-les. Mettez-les dans un récipient, ajoutez 1 trait de jus de citron, sucrez légèrement et ajoutez quelques feuilles de menthe fraîche.

<u>8 La menthe et le persil.</u> Lavez et séchez la menthe et le persil. Ciselez-les finement. Conservez-les dans 2 sachets.

<u>9 La roquette.</u> Lavez sous l'eau claire et essorez bien la roquette.

Les cuissons :

Préchauffez le four à 180 °C (th. 6).

<u>10 La tarte.</u> Déroulez la pâte brisée dans le moule à tarte. Cassez 4 œufs dans un saladier, ajoutez la crème liquide, salez, poivrez et battez bien à la fourchette. Incorporez les lamelles de carottes et de fenouil, 1 poignée de petits pois, 1 pincée de menthe, de persil ciselé et quelques brins de roquette. Mélangez bien. Versez sur la pâte et enfournez pour 25/30 min. Laissez refroidir avant de filmer.

<u>11 Le fenouil cru.</u> Prenez le récipient avec le fenouil. Versez le jus de citron restant, ajoutez 2

Préparation Menu #3

bonne cuil. à soupe d'huile d'olive, 2 pincées de menthe ciselée, salez et poivrez. Mélangez bien et fermez le récipient.

12 Les macaronis. Faites cuire les macaronis al dente selon les indications du paquet. Égouttez-les.

13 Le dos de saumon aux asperges vertes et citron. Versez 1 filet d'huile d'olive dans le fond du plat à gratin, déposez les asperges et enfournez pour 15 min. Sortez le plat du four et disposez dessus les dos de saumon, peau sur les asperges. Ajoutez les rondelles de citron, salez, poivrez et versez 1 filet d'huile d'olive. Enfournez à nouveau pour 10 min. Laissez refroidir avant de filmer.

14 La cocotte de bœuf. Versez 1 filet d'huile d'olive dans la cocotte et faites revenir la moitié des oignons pendant 3 min. Ajoutez les morceaux de bœuf et faites-les dorer. Salez, poivrez, émiettez 1 cube de bouillon, ajoutez les pommes de terre et les rondelles de carottes. Couvrez à hauteur d'eau et laissez mijoter 1 h à feu doux. Laissez refroidir.

15 Le gratin de macaronis. Délayez la ricotta avec la crème fraîche, salez et poivrez. Versez les macaronis dans le plat à gratin et ajoutez le mélange à la ricotta. Mélangez puis incorporez les tomates cerise. Filmez.

16 Velouté de petits pois. Versez 1 filet d'huile d'olive dans une casserole et faites revenir le reste d'oignons pendant 2 min. Émiettez 1 cube

de bouillon de légumes, ajoutez les petits pois frais, 1 bonne pincée de menthe ciselée et versez 80 l d'eau. Laissez mijoter 10/12 min. Mixez et goûtez afin de rectifier l'assaisonnement si nécessaire. Versez dans un récipient et laissez refroidir.

17 Pesto de roquette. Mettez la roquette dans le mixeur, ajoutez 2 cuil. à soupe de parmesan râpé, les pignons et 2 cuil. à soupe d'huile d'olive. Poivrez et salez légèrement. Mixez et versez de l'huile d'olive jusqu'à ce que la texture soit souple. Versez dans un récipient.

Tout est prêt ! Laissez refroidir.

Placez au réfrigérateur :

* Les fraises (se conservent 2 jours)
* La tarte (se conserve 3 jours)
* Le fenouil cru (se conserve 3 jours)
* Les dos de saumon aux asperges vertes (se conservent 3 jours)
* Le gratin de macaronis (se conserve 4 jours)
* La cocotte de bœuf (se conserve 4 jours)
* Le persil et la menthe dans 2 sachets (se conservent 6 jours)
* Le pesto de roquette (se conserve 6 jours)

Placez au congélateur :

* Le velouté de petits pois (se conserve 2 mois)

Résultat Menu #3

Menu #3

Lundi

Plat
Tarte aux légumes de printemps

Dessert
Fraises à la menthe

Temps de réchauffage : 10 min

Ingrédients : la tarte aux légumes, du persil, de la menthe, les fraises, sucre.

Préchauffez le four à 180 °C (th. 6) et enfournez la tarte aux légumes pour 10 min. Parsemez d'un peu de persil et de menthe et servez.
Dégustez les fraises en dessert.

Mardi

Entrée
Fenouil cru râpé au citron, menthe et huile d'olive

Plat
Dos de saumon aux rondelles de citron et asperges vertes rôties

Temps de réchauffage : 10 min

Ingrédients : le fenouil cru, les dos de saumon aux asperges, du persil.

Préchauffez le four à 180 °C (th. 6). Dégustez le fenouil en entrée.
Pendant ce temps, enfournez le plat pour 10 min. Parsemez de persil avant de servir.

Mercredi

Gratin de macaronis au pesto de roquette et tomates cerise

Temps de réchauffage : 10 min

Ingrédients : le gratin de macaronis, le pesto de roquette.

Préchauffez le four à 180 °C (th. 6). Enfournez le plat à gratin pour 10 bonnes minutes. Versez le pesto sur la préparation et servez.

Jeudi

Cocotte de bœuf aux légumes et persil frais

Temps de réchauffage :
10 min

Ingrédients : la cocotte de bœuf aux légumes, du persil.
Réchauffez à feu doux la cocotte pendant 10 min.
Parsemez de persil avant de servir.
Sortez le velouté du congélateur et mettez-le au réfrigérateur pour le lendemain.

Vendredi

Velouté de petits pois à la menthe et cottage cheese

Temps de préparation :
2 min
Temps de réchauffage :
10 min

Ingrédients : le velouté de petits pois, le cottage cheese, le reste de persil et de menthe.
Versez le velouté dans une casserole et réchauffez-le à feu doux.
Versez dans des bols, ajoutez 1 cuil. à soupe de cottage cheese au milieu et parsemez de persil et de menthe.

Menu #4

Courses Menu #4

Courses Menu #4

Légumes/fruits

* 4 betteraves cuites (env. 700 g)
* 2 petits concombres
* 3 poivrons (orange, jaune, vert)
* 4 tomates
* 4 aubergines
* 1 botte de persil
* 1 botte de ciboulette
* 1 botte de menthe
* 3 brins de thym
* 1 brin de romarin
* 1 oignon jaune
* 4 gousses d'ail
* 1 citron jaune
* 500 g de framboises
* 500 g de fraises
* 1 salade en sachet

Viande/poisson

* 800 g de veau coupé en cubes
* 16 grosses crevettes roses cuites et décortiquées

Crèmerie

* 4 œufs
* 1 paquet de palets de chèvre frais
* 4 petites burratas
* 400 g de brousse
* 20 cl de crème fraîche liquide
* 1 paquet de feuilles de brick

Placard de base

* Tabasco®
* Origan
* Thym
* Piment d'Espelette
* Vinaigre de cidre
* Huile d'olive
* Fleur de sel
* Poivre
* Sucre en poudre

Épicerie

* 1 gros bocal d'olives vertes dénoyautées
* 250 g de riz blanc
* 1 pot de sauce à l'arrabbiata
* 1 pain de campagne en tranches

Lundi

Plat
Gaspacho de betteraves et tartines de chèvre à l'huile d'olive et origan

Dessert
Salade de fruits rouges au thym

Mardi

Sauté de veau en cocotte aux olives vertes, poivrons et tomates

Mercredi

Aubergines au four, burrata et thym frais

Jeudi

Riz piquant aux crevettes

Vendredi

Plat
Brick aux herbes et au fromage frais, salade verte

Dessert
Coulis de fruits rouges

Préparation Menu #4

Au préalable

1) Si vous avez suffisamment de place, sortez les ingrédients dont vous allez avoir besoin pendant cette session de cuisine : tous sauf le pain, les burratas et la salade en sachet.
Cela permet d'avoir tout sous la main et de ne pas perdre de temps à chercher les ingrédients dans les placards et le réfrigérateur.
2) Sortez les ustensiles nécessaires :

* 1 blender
* 1 cocotte
* 1 grand plat à four
* 1 planche à découper
* 1 économe
* 1 casserole
* 1 poêle
* 1 moule à tarte
* 1 saladier
* 1 presse-agrumes
* 6 récipients : 3 grands récipients pour le gaspacho, les fruits rouges et le riz piquant aux crevettes, 3 petits récipients pour les palets de chèvre, la vinaigrette et le coulis
* 3 sachets pour les herbes : menthe, persil, ciboulette
* Film alimentaire, papier sulfurisé, papier absorbant

C'est parti pour 2 h de cuisine !

Commencez par préparer les légumes.

1 Les betteraves. Épluchez les betteraves, coupez-les en quatre et mettez-les dans le blender.

2 Les concombres. Lavez les concombres, ôtez les bouts et coupez-les en gros tronçons. Mettez-les dans le blender avec les betteraves.

3 Les gousses d'ail. Épluchez l'ail et ciselez-le finement. Mettez l'équivalent d'une gousse dans le blender.

4 Les poivrons. Passez les poivrons sous l'eau, coupez-les en deux, enlevez les grains et les fibres, puis coupez-les en lanières.

5 Les tomates. Lavez les tomates et coupez-les en rondelles. Conservez le jus.

6 Les aubergines. Lavez les aubergines, coupez le bout et tranchez-les en deux dans le sens de la longueur.

7 L'oignon. Épluchez l'oignon et ciselez-le.

8 Les herbes : persil, ciboulette, menthe. Passez les herbes sous l'eau, séchez-les avec du papier absorbant et ciselez-les finement.

9 Les fraises. Lavez les fraises et retirez le pédoncule, puis coupez les plus grosses en deux.

10 Le citron. Pressez le citron et versez la moitié du jus dans le blender.

Commencez les cuissons. Préchauffez le four à 180 °C (th. 6).

11 Les aubergines au four. Déposez les aubergines les unes à côté des autres dans le plat à four. Incisez le dessus en croix, salez légèrement, parsemez de thym frais et versez 1 bon filet d'huile d'olive sur chaque aubergine. Enfournez pour 20 à 25 min. Laissez refroidir avant de filmer.

Préparation Menu #4

12 Le gaspacho de betteraves. Prenez le blender, ajoutez une bonne pincée de ciboulette, de persil et de menthe. Salez et poivrez. Versez 3 cuil. à soupe d'huile d'olive, 1 verre d'eau filtrée et mixez bien. Goûtez et rectifiez l'assaisonnement selon les goûts, ajoutez aussi de l'eau si la texture est trop dense. Ajoutez ou pas du Tabasco®. Versez dans un grand récipient.

13 La brick aux herbes et au fromage frais. Huilez légèrement le fond du moule à tarte et déposez 4 feuilles de brick les unes sur les autres. Versez la brousse dans un saladier, ajoutez la crème fraîche, cassez les 4 œufs et fouettez bien. Ajoutez l'équivalent de 2 gousses d'ail et 3 cuil. à soupe de persil, de menthe et de ciboulette. Mélangez bien, salez et poivrez. Versez sur les bricks, tassez la préparation. Couvrez avec 4 autres feuilles de brick et repliez vers l'intérieur pour bien fermer. Huilez légèrement le dessus et enfournez pour 20 à 25 min. Laissez refroidir, puis filmez.

14 Le sauté de veau en cocotte aux olives vertes, poivrons et tomates. Versez 1 filet d'huile d'olive dans la cocotte et faites revenir l'oignon et la dernière gousse d'ail. Ajoutez les cubes de veau et faites-les bien dorer de tous les côtés. Incorporez les lamelles de poivrons et les tomates ainsi que le jus. Mélangez bien, salez, poivrez et ajoutez un brin de romarin. Versez un petit verre d'eau et laissez mijoter 30 à 35 min. Ajoutez de l'eau si nécessaire en cours de cuisson. Égouttez les olives et ajoutez-les. Mélangez et faites encore mijoter pendant 10 min. Laissez refroidir.

15 Le riz. Faites cuire le riz selon les instructions du paquet. Égouttez-le.

16 Les crevettes. Versez 1 filet d'huile d'olive dans une grande poêle et faites revenir les crevettes. Salez, poivrez et ajoutez 1 pincée de piment d'Espelette. Réservez sur une assiette. Versez le pot d'arrabbiata dans la poêle et ajoutez le riz. Mélangez bien. Versez le riz dans un grand récipient et ajoutez par-dessus les crevettes. Laissez refroidir.

17 Les chèvres à l'huile d'olive et origan. Mettez les palets de chèvre dans un petit récipient, parsemez bien d'origan et couvrez d'huile d'olive.

18 Le coulis de fruits rouges. Mettez dans le blender la moitié des fraises et des framboises, versez le reste de jus de citron et 2 cuil. à soupe de sucre. Mixez bien. Versez dans un petit récipient.

19 La salade de fruits rouges. Mettez dans un grand récipient les framboises et les fraises restantes. Saupoudrez d'un peu de sucre et glissez 1 brin de thym au milieu pour parfumer.

20 La vinaigrette. Versez 2 cuil. à soupe de vinaigre de cidre dans un bol, 4 cuil. à soupe d'huile d'olive, salez, poivrez et ajoutez 1 pincée de piment d'Espelette. Émulsionnez et conservez dans un petit récipient.

Tout est prêt ! Laissez refroidir.

Placez au réfrigérateur :

* Les aubergines (se conservent 4 jours)
* Le gaspacho (se conserve 2 jours)
* Le sauté de veau en cocotte aux olives vertes, poivrons et tomates (se conserve 3 jours)
* Les chèvres à l'huile d'olive et origan (se conservent 6 jours)
* La vinaigrette (se conserve 8 jours)
* La salade de fruits (se conserve 1 jour)

Placez au congélateur :

* La brick aux herbes et au fromage frais (se conserve 2 mois)
* Le riz piquant aux crevettes (se conserve 2 mois)
* Le coulis de fruits rouges (se conserve 2 mois)

Résultat Menu #4

À faire chaque soir Menu #4

Lundi

Temps de préparation :
10 min

Plat
Gaspacho de betteraves et tartines de chèvre à l'huile d'olive et origan

Dessert
Salade de fruits rouges au thym

Ingrédients : le gaspacho, le pain, les chèvres à l'huile d'olive, la salade de fruits.
Versez le gaspacho dans des bols.
Faites griller le pain et déposez sur les tranches grillées un palet de chèvre.
Versez la salade de fruits rouges dans un saladier et enlevez la branche de thym.

Mardi

Temps de réchauffage :
10 min

Sauté de veau en cocotte aux olives vertes, poivrons et tomates

Ingrédients : le sauté de veau en cocotte.
Réchauffez à feu doux pendant 10 min.

Mercredi

Temps de préparation :
10 min
Temps de réchauffage :
10 min

Aubergines au four, burrata et thym frais

Ingrédients : les aubergines, les burratas, huile d'olive, poivre.
Préchauffez le four à 180 °C (th. 6). Enfournez les aubergines pour 10 min.
Coupez les burratas en quatre et déposez-les sur les aubergines. Versez 1 filet d'huile d'olive, poivrez et servez immédiatement.
Sortez le riz piquant du congélateur et placez-le au réfrigérateur pour le lendemain.

Jeudi

Riz piquant aux crevettes

Temps de réchauffage :
10 min

Ingrédients : le riz piquant aux crevettes, huile d'olive.
Versez 1 filet d'huile d'olive dans une grande poêle, versez la préparation et réchauffez-la à feu doux en mélangeant régulièrement.
Sortez la brick et le coulis du congélateur, et placez-les au réfrigérateur pour le lendemain.

Vendredi

Plat

Brick aux herbes et au fromage frais, salade verte

Dessert

Coulis de fruits rouges

Temps de réchauffage :
10 min

Ingrédients : la brick, le sachet de salade verte, la vinaigrette, le coulis et compote, yaourt ou fromage blanc (au choix).
Préchauffez le four à 180 °C (th. 6) et enfournez la brick.
Versez la vinaigrette dans un saladier et ajoutez la salade.
Versez le coulis de fruits rouges sur une compote, du yaourt ou du fromage blanc.

Été

Menu #1

Courses Menu #1

Courses Menu #1

Légumes/fruits

* 9 tomates bien mûres
* 4 gros poivrons
* 3 courgettes
* 1 oignon jaune
* 1 botte de basilic
* 1 citron jaune
* 500 g de pastèque sans pépins
* 3 gros melons
* 1 sachet de roquette

Viande/poisson

* 1 kg de farce à tomates

Crèmerie

* 4 mozzarellas
* 2 yaourts de brebis

Placard de base

* Origan
* Huile d'olive
* Vinaigre de cidre
* Vinaigre balsamique
* Fleur de sel
* Poivre
* Sucre
* Piment d'Espelette

Épicerie

* 500 g de riz long de Camargue
* 1 bouteille de passata (680 g)
* 1 bocal de pois chiches (250 g)
* 1 pot de caviar de tomates de type Sacla®
* 1 grande baguette tradition

Lundi

Plat
Gaspacho tomate, pastèque, yaourt de brebis et basilic

Dessert
Cubes de melon, citron et basilic

Mardi

Boulettes de viande, riz et coulis de tomates à l'origan

Mercredi

Baguette « pizza » tomate, mozzarella, basilic et roquette

Jeudi

Plat
Poivrons farcis et pois chiches

Dessert
Sorbet melon express

Vendredi

Gratin de courgettes et riz à l'origan et au basilic

Préparation Menu #1

Au préalable

1) Si vous avez suffisamment de place, sortez les ingrédients dont vous allez avoir besoin pendant cette session de cuisine : tous sauf le sachet de roquette et les yaourts de brebis.
Cela permet d'avoir tout sous la main et de ne pas perdre de temps à chercher les ingrédients dans les placards et le réfrigérateur.
2) Sortez les ustensiles nécessaires :

- 1 blender
- 1 robot
- 1 plat à gratin
- 1 plat à four
- 1 poêle
- 1 planche à découper
- 1 économe
- 1 saladier
- 5 récipients : 4 grands récipients pour le gaspacho, les quartiers de melon, les boulettes de viande et les poivrons farcis, 1 récipient moyen pour les cubes de melon
- 1 sachet pour le basilic
- Film alimentaire, papier sulfurisé, papier absorbant

C'est parti pour 2 h de cuisine !

Commencez par préparer les légumes.

1 Les tomates. Lavez les tomates et coupez-en 6 en quatre que vous pouvez mettre directement dans le blender. Coupez les 3 restantes en rondelles fines.

2 La pastèque. Enlevez la peau de la pastèque et coupez-la en gros morceaux, mettez-les directement dans le blender.

3 Les melons. Tranchez les melons en deux et enlevez les pépins du milieu, puis ôtez la peau. Détaillez un melon en cubes et réservez dans un récipient moyen. Coupez les 2 autres melons

en quartiers. Mettez les quartiers dans un grand récipient et conservez-les au congélateur.

4 Les poivrons. Tranchez le haut des poivrons et enlevez délicatement les fibres à l'intérieur. Passez-les sous l'eau claire et déposez-les avec le chapeau dans un plat à four.

5 Les courgettes. Lavez les courgettes sous l'eau, coupez les bouts et râpez-les finement à l'aide du robot.

6 L'oignon. Épluchez et émincez finement l'oignon.

7 Le citron. Coupez le citron en deux et pressez le jus.

8 Le basilic. Lavez, séchez et émincez finement le basilic. Mettez-le dans un sachet.

Commencez les cuissons. Préchauffez le four à 180 °C (th. 6).

9 Le riz pour les boulettes. Faites cuire 350 g de riz selon les indications du sachet. Égouttez et réservez dans un grand récipient.

10 Les poivrons farcis. Farcissez les poivrons avec les ⅔ de la farce. Refermez les poivrons avec leurs chapeaux. Égouttez les pois chiches et mettez-les tout autour des poivrons. Versez 1 petit verre d'eau et 1 filet d'huile d'olive sur les poivrons et enfournez pour 35 min. Laissez refroidir et placez-les dans un grand récipient.

Préparation Menu #1

11 Les boulettes de viande, riz et coulis de tomates à l'origan. Formez des boulettes avec la farce qui reste. Versez 1 filet d'huile d'olive dans une grande poêle et faites dorer les boulettes de tous les côtés. Versez la passata de tomates et ajoutez 2 cuil. à soupe d'origan. Couvrez et laissez mijoter pendant 15 min. Mélangez de temps à autre. Versez sur le riz que vous avez mis dans le grand récipient. Laissez refroidir.

12 Le gratin de courgettes et riz à l'origan et au basilic. Versez 1 filet d'huile d'olive dans le fond du plat à gratin. Mettez les courgettes et l'oignon émincé dans un grand saladier, ajoutez les 150 g de riz restant, de l'origan, du basilic, du sel, du poivre et mélangez bien. Versez la préparation dans le plat à gratin, ajoutez un verre d'eau, 1 filet d'huile d'olive et enfournez pour 35 à 40 min. Laissez refroidir et filmez.

13 Les cubes de melon, citron, basilic. Reprenez le récipient avec les cubes de melon. Versez le jus de citron et ajoutez 1 pincée de basilic. Mélangez.

14 Le gaspacho. Prenez le blender avec les tomates et la pastèque. Versez 2 cuil. à soupe d'huile d'olive, 1 cuil. à soupe de vinaigre de cidre, 1 bonne pincée de basilic, 1 pointe de couteau de piment d'Espelette, salez et poivrez. Mixez bien, goûtez et rectifiez l'assaisonnement si nécessaire. Versez dans un grand récipient.

15 La baguette-pizza. Coupez la baguette en deux, puis tranchez-la en deux dans le sens de la longueur de façon à avoir 4 parts. Tassez légèrement la mie du centre, puis badigeonnez de caviar de tomates. Coupez les mozzarellas en tranches. Disposez-les sur les demi-baguettes en alternant une tranche de mozzarella et une tranche de tomate. Versez 1 filet d'huile d'olive et parsemez de basilic. Déposez-les dans un plat à four et filmez bien.

Tout est prêt ! Laissez refroidir.

Placez au réfrigérateur :

- Les boulettes de viande, riz et coulis de tomates à l'origan (se conservent 2 jours)
- Les cubes de melon, citron, basilic (se conservent 2 jours)
- Le sachet de basilic (se conserve 5 jours)

Placez au congélateur :

- Les tranches de melon pour le sorbet express (se conservent 2 mois)
- Les poivrons farcis et pois chiches (se conservent 2 mois)
- Le gratin de courgettes et riz à l'origan et au basilic (se conserve 2 mois)
- La baguette-pizza (se conserve 2 mois)
- Le gaspacho (se conserve 2 mois)

Résultat Menu #1

Menu #1

Lundi

Plat

Gaspacho tomate, pastèque, yaourt de brebis et basilic

Dessert

Cubes de melon, citron et basilic

Temps de préparation :
2 min

Ingrédients : le gaspacho, les yaourts de brebis, du basilic, huile d'olive, fleur de sel, poivre, les cubes de melon.

Le matin, placez le gaspacho glacé au réfrigérateur pour le soir.

Versez le gaspacho dans des grands bols, ajoutez 1 bonne cuil. à soupe de yaourt de brebis sur le dessus, parsemez de basilic frais, salez, poivrez et versez 1 filet d'huile d'olive. Servez les cubes de melon dans des coupelles pour le dessert.

Mardi

Boulettes de viande, riz et coulis de tomates à l'origan

Temps de réchauffage :
10 min

Ingrédients : les boulettes.
Réchauffez le tout à feu doux dans une grande poêle.

Mercredi

Baguette « pizza » tomate, mozzarella, basilic et roquette

Temps de préparation :
2 min
Temps de réchauffage :
10/15 min

Ingrédients : la baguette-pizza, le sachet de roquette, huile d'olive, vinaigre balsamique, sel et poivre.
Sortez le plat du congélateur. Préchauffez le four à 200 °C (th. 6-7) et enfournez directement le plat.
À la sortie du four, parsemez de roquette et versez 1 filet de vinaigre balsamique et d'huile d'olive. Salez et poivrez.
Sortez les poivrons et pois chiches du congélateur et placez-les dans le réfrigérateur pour le lendemain.

Jeudi

Temps de préparation :
5 min
Temps de réchauffage :
10 min

Plat
Poivrons farcis et pois chiches

Dessert
Sorbet melon express

Ingrédients : les poivrons farcis, le melon congelé, sucre.
Sortez les tranches de melon du congélateur et mettez-les dans le blender. Ajoutez 1 cuil. à soupe de sucre.
Préchauffez le four à 180 °C (th. 6). Enfournez les poivrons et les pois chiches pendant 10 min.
Actionnez le blender juste avant de servir le dessert.
Sortez le gratin de courgettes du congélateur et placez-le au réfrigérateur pour le lendemain.

Vendredi

Temps de réchauffage :
10 min

Gratin de courgettes et riz à l'origan et au basilic

Ingrédients : le gratin de courgettes, le reste du basilic.
Préchauffez le four à 180 °C (th. 6) et enfournez le gratin pour 10 min.
Parsemez du reste de basilic et versez un filet d'huile d'olive avant de servir.

Menu #2

Courses Menu #2

Légumes/fruits

- 7 grosses tomates à chair ferme, parfumées et mûres
- 4 courgettes
- 2 aubergines
- 1 grand concombre
- 6 têtes d'ail
- 1 botte de persil
- 1 bouquet de basilic
- 2 citrons jaunes
- 2 melons
- 1 sachet de roquette

Viande/poisson

- 1 poulet fermier
- 1 barquette de chiffonnade de jambon fumé
- 4 maquereaux vidés

Crèmerie

- 1 sachet de parmesan râpé
- 1 l de lait entier

Placard de base

- Romarin
- Thym
- Huile d'olive
- Vinaigre de cidre
- Fleur de sel
- Poivre
- 3 sachets de sucre vanillé

Épicerie

- 500 g de semoule fine
- 500 g de penne
- 60 g de raisins secs
- 1 baguette aux céréales

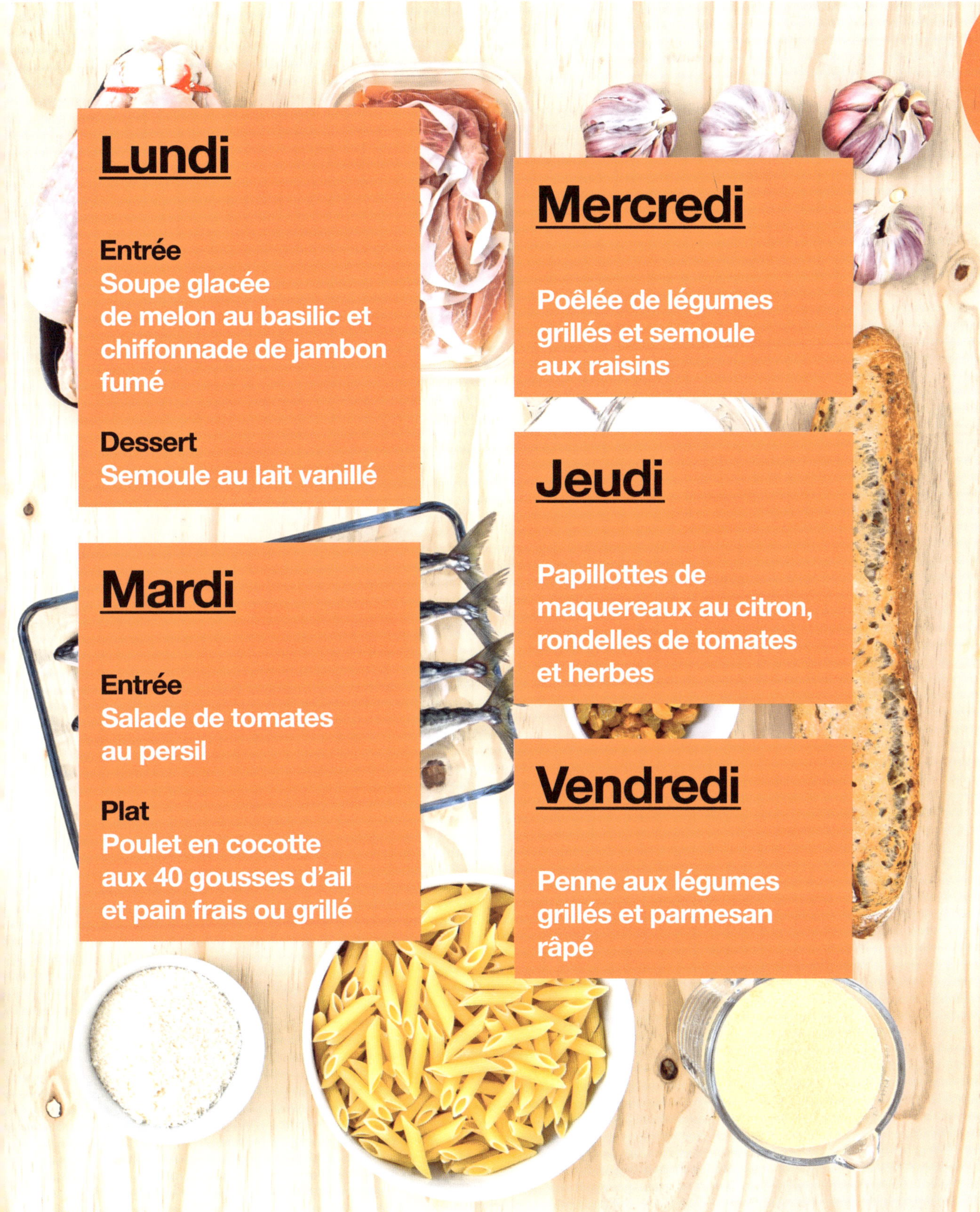

Lundi

Entrée
Soupe glacée de melon au basilic et chiffonnade de jambon fumé

Dessert
Semoule au lait vanillé

Mardi

Entrée
Salade de tomates au persil

Plat
Poulet en cocotte aux 40 gousses d'ail et pain frais ou grillé

Mercredi

Poêlée de légumes grillés et semoule aux raisins

Jeudi

Papillottes de maquereaux au citron, rondelles de tomates et herbes

Vendredi

Penne aux légumes grillés et parmesan râpé

Préparation Menu #2

Au préalable

1) Si vous avez suffisamment de place, sortez les ingrédients dont vous allez avoir besoin pendant cette session de cuisine : tous sauf la chiffonnade de jambon fumé, le sachet de parmesan, le sachet de roquette et les penne.
Cela permet d'avoir tout sous la main et de ne pas perdre de temps à chercher les ingrédients dans les placards et le réfrigérateur.
2) Sortez les ustensiles nécessaires :

- 1 blender
- 1 grande casserole
- 1 cocotte
- 1 grande poêle ou wok
- 1 casserole de taille moyenne
- 1 plat à four
- 1 presse-agrumes
- 1 bouilloire
- 6 récipients : 2 grands récipients pour la soupe et la semoule au lait, 4 récipients moyens pour les tomates, la semoule aux raisins et les légumes grillés (2)
- 1 sachet pour le persil, 1 sachet pour le basilic
- Film alimentaire, papier sulfurisé, papier absorbant

C'est parti pour 2 h de cuisine !

Commencez par préparer les légumes.

1 Les tomates. Lavez les tomates et coupez-les en rondelles fines. Mettez-en 3 dans un récipient moyen. Réservez le reste ainsi que le jus.

2 Les courgettes. Lavez les courgettes, coupez les bouts et détaillez-les en petits cubes de même taille.

3 Les aubergines. Lavez les aubergines et coupez-les en petits cubes de même taille.

4 Le concombre. Lavez le concombre, coupez les bouts et tranchez-le en gros morceaux. Mettez le tout dans le blender.

5 Les têtes d'ail. Frottez les têtes entre vos mains pour détacher les gousses.

6 Le persil. Passez le persil sous l'eau, séchez-le et émincez-le finement.

7 Le basilic. Passez le basilic sous l'eau, séchez-le et ciselez-le finement.

8 Les melons. Coupez les melons en deux, enlevez les pépins et prélevez la chair. Mettez la chair des melons ainsi que le jus dans le blender.

9 Les citrons. Coupez les citrons en deux et pressez le jus. Versez la moitié du jus sur les melons.

10 Les raisins secs. Mettez les raisins dans un bol et couvrez-les d'eau bouillante.

Commencez les cuissons. Préchauffez le four à 180 °C (th. 6).

11 Les papillotes de maquereaux. Découpez 4 grandes feuilles de papier sulfurisé. Déposez au centre de chaque feuille un lit de rondelles de tomates, saupoudrez d'une cuillerée à café de semoule (pour absorber le jus), déposez les maquereaux, salez, poivrez, parsemez de thym séché et de persil frais. Versez du jus de citron et terminez par 1 filet d'huile d'olive. Refermez bien hermétiquement chaque papillote et enfournez-les pour 20 min. Laissez ensuite refroidir.

12 Le poulet en cocotte. Versez 1 bon filet d'huile d'olive dans la cocotte et faites revenir le poulet pour qu'il soit bien grillé de tous les côtés. Ajoutez les gousses d'ail, mélangez, salez le poulet et couvrez. Laissez mijoter pendant 1 h.

Préparation Menu #2

13 Semoule au lait vanillé. Versez le lait entier dans une grande casserole et portez à frémissements. Versez en pluie 100 g de semoule et ajoutez le sucre vanillé. Mélangez bien pendant 5 à 6 min, puis stoppez la cuisson et versez dans un grand récipient. Laissez refroidir.

14 Poêlée de légumes grillés. Versez 1 bon filet d'huile d'olive dans une grande poêle ou un wok. Ajoutez les courgettes, les aubergines, 2 pincées de romarin et 1 cuil. à soupe de thym. Mélangez, laissez cuire et griller à feu doux pendant 20 min. Mélangez régulièrement. Réservez dans 2 récipients moyens et laissez refroidir.

15 La semoule aux raisins. Préparez le reste de la semoule selon les indications du paquet. Égrenez et ajoutez les raisins bien égouttés. Versez dans un récipient moyen.

16 La salade de tomates au persil. Reprenez le récipient avec les tomates, parsemez généreusement de persil, salez et versez 1 bon filet d'huile d'olive.

17 La soupe glacée. Prenez le blender, ajoutez 3 pincées de basilic, 4 cuil. à soupe d'huile d'olive, du sel et du poivre. Mixez bien, goûtez et rectifiez l'assaisonnement si nécessaire. Ajoutez de l'eau si la préparation est trop épaisse. Versez dans un grand récipient.

18 Le persil et le basilic. Mettez le persil et le basilic restant dans des sachets différents.

Tout est prêt ! Laissez refroidir.

Placez au réfrigérateur :
- La cocotte de poulet (se conserve 4 jours)
- La semoule au lait (se conserve 3 ou 4 jours)
- 1 récipient de légumes grillés (se conserve 3 jours)
- La semoule aux raisins (se conserve 3 jours)
- La salade de tomates au persil (se conserve 2 jours)
- Le persil et le basilic (se conservent 6 jours)

Placez au congélateur :
- 1 récipient de légumes grillés (se conserve 2 mois)
- Les papillotes (se conservent 2 mois)
- La soupe glacée (se conserve 2 mois)

Résultat Menu #2

Menu #2

Lundi

Entrée

Soupe glacée de melon au basilic et chiffonnade de jambon fumé

Dessert

Semoule au lait vanillé

Temps de préparation :
5 min

Ingrédients : la soupe glacée, la chiffonnade de jambon fumé, du basilic, la semoule au lait vanillé.

Le matin, placez la soupe glacée au réfrigérateur pour le soir.

Servez la soupe avec la chiffonnade de jambon.
Dégustez la semoule au lait vanillé en dessert.
Pensez à acheter du pain frais pour mardi soir.

Mardi

Entrée

Salade de tomates au persil

Plat

Poulet en cocotte aux 40 gousses d'ail et pain frais ou grillé

Temps de préparation :
5 min
Temps de réchauffage :
10/15 min

Ingrédients : la salade de tomates au persil, la cocotte de poulet, le pain.

Réchauffez la cocotte à feu doux pendant que vous mangez la salade (10/15 min avant de servir).
Servez la cocotte avec le pain frais ou grillé.

Mercredi

Poêlée de légumes grillés et semoule aux raisins

Temps de réchauffage :
10/15 min

Ingrédients : les légumes grillés, la semoule aux raisins, du persil, huile d'olive.

Réchauffez à feu doux les légumes grillés dans une poêle et la semoule dans une casserole. Disposez dans des bols ou des assiettes creuses un lit de semoule, ajoutez les légumes, saupoudrez de persil frais et ajoutez 1 filet d'huile d'olive.
Sortez les papillotes du congélateur et placez-les au réfrigérateur pour le lendemain.

Jeudi

Papillottes de maquereaux au citron, rondelles de tomates et herbes

Temps de réchauffage :
10/15 min

Ingrédients : les papillotes, du persil et du basilic.

Préchauffez le four à 180 °C (th. 6) et enfournez les papillotes pour 10/15 min.
Parsemez de persil et basilic à l'ouverture des papillotes.
Sortez les légumes grillés du congélateur et placez-les au réfrigérateur pour le lendemain.

Vendredi

Penne aux légumes grillés et parmesan râpé

Temps de préparation :
5 min
Temps de réchauffage :
8/10 min

Ingrédients : les penne, les légumes grillés décongelés, le sachet de roquette, le parmesan râpé, le reste de persil et de basilic, huile d'olive.

Faites cuire les penne al dente selon les indications du paquet. Égouttez-les (gardez 3 cuil. à soupe d'eau de cuisson) et ajoutez les légumes grillés, la roquette, le reste de persil et de basilic, l'eau de cuisson et 1 filet d'huile d'olive. Mélangez et servez immédiatement avec le parmesan.

Menu #3

Courses Menu #3

Courses Menu #3

Légumes/fruits

- 2 grands concombres
- 2 petits fenouils ou 1 gros
- 4 petites pommes de terre
- 6 courgettes
- 1 barquette de petits pois frais
- 1 botte d'aneth
- 1 botte de menthe
- 1 botte de persil
- 2 oignons rouges
- 1 gousse d'ail
- 2 citrons jaunes
- 2 melons
- 16 abricots

Placard de base

- Ras el-hanout
- Gingembre
- Moutarde forte
- Origan
- Romarin
- Huile d'olive
- Vinaigre
- Fleur de sel
- Poivre
- Miel de fleur liquide

Viande/poisson

- 4 cuisses de poulet fermier et 2 blancs
- 4 tranches de saumon fumé

Crèmerie

- 2 yaourts grecs
- 500 g de ricotta
- 120 g de fromage râpé (gruyère, mozzarella, chèvre…)
- 1 sachet de parmesan râpé
- 15 cl de crème liquide
- 250 g de feuilles de lasagnes fraîches (1 paquet)
- 1 pâte feuilletée pur beurre

Épicerie

- 250 g de lentilles vertes
- 50 g de gros raisins secs
- 1 baguette ou pain complet tranché

Lundi

Plat
Velouté glacé de concombre à l'aneth et tranches de saumon fumé

Dessert
Compotée d'abricots à l'huile d'olive et romarin

Mardi

Plat
Tarte feuilletée à la courgette, moutarde, fromage et origan

Dessert
Soupe glacée de melon au miel

Mercredi

Tagine de poulet aux abricots

Jeudi

Salade de lentilles vertes aux herbes et légumes croquants

Vendredi

Lasagnes aux courgettes, ricotta et menthe

Préparation Menu #3

Au préalable

1) Si vous avez suffisamment de place, sortez les ingrédients dont vous allez avoir besoin pendant cette session de cuisine : tous sauf le pain et le saumon fumé.
Cela permet d'avoir tout sous la main et de ne pas perdre de temps à chercher les ingrédients dans les placards et le réfrigérateur.
2) Sortez les ustensiles nécessaires :
- 1 blender
- 1 robot
- 1 grande casserole
- 1 casserole (moyenne)
- 1 cocotte
- 1 plat à four carré ou rectangulaire pour les lasagnes
- 1 plaque à four
- 1 saladier
- 1 bol
- Film alimentaire, papier sulfurisé, papier absorbant
- 4 récipients : 2 grands récipients pour le velouté glacé de concombre et la salade de lentilles, 2 récipients moyens pour la soupe glacée de melon et la compotée d'abricots
- 3 sachets pour les herbes

C'est parti pour 2 h de cuisine !

Commencez par préparer les légumes et les fruits.

1 Les concombres. Passez les concombres sous l'eau et coupez les bouts. Découpez-les ensuite en morceaux et mettez-les dans le blender.

2 Les abricots. Lavez les abricots, ouvrez-les en deux et enlevez les noyaux.

3 Les oignons rouges. Épluchez et ciselez les oignons rouges.

4 La gousse d'ail. Épluchez et émincez l'ail.

5 Les citrons. Pressez le jus des citrons.

6 Les fenouils. Épluchez les fenouils, passez-les sous l'eau et ciselez-les finement (branches et feuillage). Mettez-les dans un bol et ajoutez un trait de citron pour qu'ils ne s'oxydent pas.

7 Les pommes de terre. Brossez les pommes de terre sous l'eau.

8 Les courgettes. Lavez les courgettes et coupez les bouts. Tranchez-les finement en rondelles à l'aide du robot.

9 Les melons. Coupez les melons en deux, enlevez les pépins. Prélevez la chair au-dessus d'un bol pour bien garder tout le jus. Versez un trait de jus de citron.

10 Les herbes. Passez l'aneth, le persil et la menthe sous l'eau, séchez et ciselez finement.

Commencez les cuissons. Préchauffez le four à 180 °C (th. 6).

11 La tarte feuilletée. Déroulez la pâte sur la plaque à four. Badigeonnez-la de moutarde en laissant 1 cm sur les bords. Parsemez de fromage râpé. Déposez la moitié des courgettes en rosace. Salez, poivrez et ajoutez de l'origan. Enfournez pour 20 à 25 min. Laissez refroidir avant de filmer.

12 La compotée d'abricots. Mettez 8 abricots dans la casserole de taille moyenne et versez un fond d'eau. Faites bouillonner à couvert pendant 10 min. Mélangez régulièrement pour que cela

Préparation Menu #3

n'accroche pas. En fin de cuisson, ajoutez 1 cuil. à soupe de miel liquide, 1 cuil. à café de romarin, 1 filet d'huile d'olive, mélangez et laissez refroidir, puis placez la compotée dans un récipient moyen.

13 Le tagine. Versez 1 bon filet d'huile d'olive dans la cocotte et faites revenir 1 oignon rouge et l'ail. Versez 2 cuil. à soupe de ras el-hanout et 1 cuil. à soupe de gingembre. Mélangez bien. Ajoutez les cuisses de poulet et faites-les dorer de tous les côtés. Saisissez les blancs. Salez et poivrez. Couvrez d'eau et laissez mijoter pendant 10 min. Ajoutez les raisins et les pommes de terre. Laissez mijoter 15 min, puis ajoutez les abricots restants. Rajoutez de l'eau et laissez mijoter pendant 15 min. Goûtez et rectifiez l'assaisonnement si nécessaire. Laissez refroidir.

14 Les lasagnes de courgettes. Versez la ricotta dans un saladier, ajoutez le reste de courgettes avec le jus, la moitié de la menthe ciselée, 1 bonne pincée d'aneth et de persil, 3 cuil. à soupe de parmesan, les ¾ de la crème liquide, salez, poivrez et mélangez bien. Versez le reste de crème liquide dans le fond du plat à gratin. Couvrez de feuilles de lasagne, ajoutez de la préparation et faites ainsi de suite jusqu'à épuisement des ingrédients en terminant par des feuilles de lasagne. Saupoudrez du reste de parmesan, poivrez et ajoutez 1 filet d'huile d'olive. Enfournez pour 25 min. Laissez refroidir puis filmez.

15 Les lentilles. Faites cuire les lentilles dans une grande casserole selon les indications du paquet. Passez-les sous l'eau froide et laissez refroidir.

17 La soupe de melon. Lavez le blender. Mettez le melon, ajoutez du jus de citron, ½ verre d'eau, 1 cuil. à soupe de miel et mixez. Versez dans un récipient moyen.
Conservez les herbes qui restent dans des sachets.

Versez-les ensuite dans un grand récipient, ajoutez le fenouil, les petits pois frais, le dernier oignon rouge et 2 bonnes pincées d'aneth, de persil et de menthe. Versez 5 cuil. à soupe d'huile d'olive, 1 filet de jus de citron, salez, poivrez et mélangez bien. Placez les lentilles dans un grand récipient.

16 Le velouté glacé de concombre. Prenez le blender avec le concombre, ajoutez un verre d'eau, 1 filet de jus de citron, 4 cuil. à soupe d'huile d'olive, 1 grosse pincée d'aneth, les yaourts grecs et mixez bien. Goûtez, rectifiez l'assaisonnement si nécessaire et versez dans un grand récipient.

Tout est prêt ! Laissez refroidir.

Placez au réfrigérateur :
* La tarte feuilletée (se conserve 3 jours)
* La compotée d'abricots (se conserve 3 jours)
* Le tagine (se conserve 4 jours)
* Les lentilles (se conservent 4 jours)
* Les sachets d'herbes (se conservent 1 semaine)

Placez au congélateur :
* Les lasagnes (se conservent 2 mois)
* Le velouté de concombre (se conserve 2 mois)
* La soupe glacée de melon (se conserve 2 mois)

Résultat Menu #3

 Menu #3

Lundi

Plat

Velouté glacé de concombre à l'aneth et tranches de saumon fumé

Dessert

Compotée d'abricots à l'huile d'olive et romarin

Temps de préparation :
5 min

Ingrédients : le velouté glacé, le saumon fumé, de l'aneth, la compotée d'abricots.

Le matin, placez le velouté glacé au réfrigérateur pour le soir.

Coupez les tranches de saumon fumé en lanières.

Versez le velouté glacé dans des grands bols. Ajoutez au centre des lanières de saumon fumé et parsemez d'aneth.

Dégustez la compotée en dessert.

Sortez la soupe glacée de melon du congélateur et placez-la au réfrigérateur pour le lendemain.

Mardi

Plat

Tarte feuilletée à la courgette, moutarde, fromage et origan

Dessert

Soupe glacée de melon au miel

Temps de préparation :
5 min

Temps de réchauffage :
10 min

Ingrédients : la tarte feuilletée, la soupe glacée.

Préchauffez le four à 180 °C (th. 6). Enfournez la tarte pour 10 min.

Versez la soupe glacée dans des bols.

Mercredi

Tagine de poulet aux abricots

Temps de réchauffage
10/12 min

Ingrédients : le tagine, du persil.
Réchauffez à feu doux le tagine une bonne dizaine de minutes et parsemez de persil avant de servir.

Jeudi

Salade de lentilles vertes aux herbes et légumes croquants

Temps de préparation :
2 min

Ingrédients : la salade de lentilles, du persil, de l'aneth, de la menthe.
Parsemez la salade de lentilles d'herbes avant de servir.
Sortez les lasagnes du congélateur et mettez-les au réfrigérateur pour le lendemain.

Vendredi

Lasagnes aux courgettes, ricotta et menthe

Temps de réchauffage :
10/12 min

Ingrédients : les lasagnes.
Préchauffez le four à 180 °C (th. 6) et enfournez les lasagnes pour 10/12 min.

Menu #4

Courses Menu #4

Légumes/fruits

- 2 cœurs-de-bœuf
- 2 kg de tomates bien mûres
- 6 poivrons rouges
- 1 botte de petites carottes nouvelles
- 4 oignons
- 1 gousse d'ail
- 1 botte de persil
- 1 botte de ciboulette
- 1 botte de basilic
- 1 citron jaune
- 6 pêches
- 500 g de myrtilles
- 2 petits sachets de roquette

Placard de base

- Piment d'Espelette
- Noix muscade
- Herbes de Provence
- Huile d'olive
- Vinaigre de vin rouge
- Vinaigre balsamique
- Fleur de sel
- Poivre
- Miel liquide
- Sucre vanillé

Viande/poisson

- 1 rôti de bœuf (env. 900 g)
- 1 barquette de chiffonnade de jambon de Bayonne

Crèmerie

- 8 œufs
- 200 g de chèvre frais
- 2 blocs de feta
- 125 g de crème fraîche épaisse
- 1 pâte feuilletée pur beurre

Épicerie

- 1 paquet de pâtes
- 200 g de quinoa

Lundi

Plat
Bowl pêche, roquette, tomate, feta sur quinoa

Dessert
Compote de myrtilles à la vanille

Mardi

Plat
Rôti de bœuf froid, salsa verde et carottes rôties

Dessert
Pêches rôties au miel

Mercredi

Piperade, œufs et chiffonnade de jambon de Bayonne

Jeudi

Tarte fine aux oignons et roquette

Vendredi

Pâtes, piperade, chèvre frais et basilic

Préparation Menu #4

Au préalable

1) Si vous avez suffisamment de place, sortez les ingrédients dont vous allez avoir besoin pendant cette session de cuisine : tous sauf les œufs, le chèvre frais, le jambon de Bayonne, les sachets de roquette et les pâtes.
Cela permet d'avoir tout sous la main et de ne pas perdre de temps à chercher les ingrédients dans les placards et le réfrigérateur.
2) Sortez les ustensiles nécessaires :

* 1 mixeur
* 2 casseroles
* 1 grand plat à four
* 1 petit plat à gratin
* 1 cocotte
* 1 plaque à four
* 1 planche à découper
* 1 presse-agrumes
* 4 bols
* 7 récipients : 4 grands récipients pour le rôti de bœuf, les carottes et la piperade (2), 1 récipient moyen pour la compote de myrtilles, 2 petits récipients pour les pêches et la salsa verde
* 3 sachets pour les herbes
* Papier sulfurisé, film alimentaire et papier absorbant

C'est parti pour 2 h de cuisine !

Commencez par préparer les légumes et les fruits.

1 Les cœurs-de-bœuf. Lavez les tomates et coupez-les en rondelles fines.

2 Les tomates. Lavez les tomates et coupez-les en six.

3 Les poivrons rouges. Lavez les poivrons, enlevez le pédoncule, ouvrez-les en deux, enlevez les fibres et pépins, puis détaillez en lanières.

4 Les carottes nouvelles. Frottez-les bien sous l'eau claire avec une brosse, coupez les bouts.

5 Les oignons. Épluchez et coupez les oignons en fines rondelles.

6 La gousse d'ail. Épluchez et ciselez la gousse d'ail.

7 Le citron. Coupez le citron en deux et pressez le jus.

8 Les pêches. Lavez les pêches. Coupez-en 2 en lamelles fines et mettez-les dans un petit récipient, puis citronnez-les légèrement. Coupez les autres en deux et mettez-les dans le petit plat à gratin.

9 Les herbes : persil, ciboulette, basilic. Passez les herbes sous l'eau, séchez-les avec du papier absorbant et ciselez-les.

Commencez les cuissons. Préchauffez le four à 180 °C (th. 6).

10 La tarte fine. Déroulez la pâte feuilletée sur la plaque à four. Tartinez de crème fraîche en laissant 1 cm sur les bords. Ajoutez 1 pincée de noix muscade et parsemez l'équivalent de 4 rondelles fines d'oignons. Versez 1 filet d'huile d'olive, salez et poivrez. Enfournez pour 20 min. Laissez refroidir, puis filmez.

11 Le quinoa. Faites cuire le quinoa selon les indications du paquet. Égouttez-le.

12 La compote de myrtilles. Versez les myrtilles dans une grande casserole, ajoutez un fond d'eau et faites cuire à petits bouillons pendant 5 min.

Préparation Menu #4

Sucrez avec 1 sachet de sucre vanillé. Laissez-la refroidir et placez-la dans un récipient moyen.

13 Le rôti de bœuf et les carottes rôties. Déposez le rôti de bœuf au centre du grand plat à four. Ajoutez les carottes tout autour. Salez, poivrez et parsemez d'herbes de Provence, puis versez 1 bon filet d'huile d'olive. Enfournez pour 30 à 35 min à la suite de la tarte. Laissez refroidir et placez-le dans un grand récipient. Mettez également les carottes dans un grand récipient.

14 La piperade. Versez 1 bon filet d'huile dans une cocotte et faites revenir les oignons qui restent. Ajoutez les tomates et les poivrons. Versez 1 verre d'eau et laissez mijoter à feu doux pendant 35 à 40 min en mélangeant régulièrement. Ajoutez 1 cuil. à café de miel liquide, 1 bonne pincée de piment d'Espelette, salez et poivrez. Laissez refroidir et conservez dans 2 grands récipients avec une pincée de basilic que vous insérerez dans la piperade avant de fermer les récipients.

15 Les pêches rôties au miel. Prenez le petit plat à gratin avec les pêches, versez 1 bon filet de miel et enfournez pour 15 min. Laissez refroidir avant de filmer.

16 La salsa verde. Mettez les ¾ de toutes les herbes dans le mixeur, ajoutez la gousse d'ail, 3 cuil. à soupe de vinaigre de vin rouge et 6 cuil. à soupe d'huile d'olive, 1 pincée de piment d'Espelette, salez et poivrez. Mixez bien, goûtez et rectifiez l'assaisonnement si nécessaire, puis conservez dans un petit récipient.

17 La feta. Coupez la feta en cubes.

18 Les bols de quinoa. Versez le quinoa dans 4 bols. Ajoutez en petits tas sur chaque bol des rondelles de cœurs-de-bœuf et des cubes de feta. Versez 1 filet d'huile d'olive, parsemez d'un peu de basilic frais, salez et poivrez. Filmez. Mettez le reste des herbes dans des sachets.

Tout est prêt ! Laissez refroidir.

Placez au réfrigérateur :

* La compote de myrtilles (se conserve 3 jours)
* Le rôti de bœuf (se conserve 4 jours)
* Les carottes (se conservent 3 jours)
* 1 récipient de piperade (se conserve 4 jours)
* Les pêches citronnées (se conservent 1 jour)
* Les pêches rôties au miel (se conservent 3 jours)
* La salsa verde (se conserve 4 jours)
* Les bols de quinoa (se conservent 2 jours)
* Les sachets d'herbes (se conservent 5 jours)

Placez au congélateur :

* La tarte fine (se conserve 2 mois)
* 1 récipient de piperade (se conserve 2 mois)

Résultat Menu #4

Lundi

Plat

Bowl pêche, roquette, tomate, feta sur quinoa

Dessert

Compote de myrtilles à la vanille

Temps de préparation :
2 min

Ingrédients : les 4 bols avec le quinoa, les pêches citronnées, 1 sachet de roquette, huile d'olive, vinaigre balsamique, sel, poivre et la compote de myrtilles.

Ajoutez les pêches dans les bols de quinoa et parsemez de roquette. Versez 1 filet d'huile d'olive, de vinaigre balsamique, salez et poivrez.
Dégustez la compote en dessert.

Mardi

Plat

Rôti de bœuf froid, salsa verde et carottes rôties

Dessert

Pêches rôties au miel

Temps de préparation :
5 min
Temps de réchauffage :
10 min (facultatif, ce plat peut se déguster froid s'il fait chaud)

Ingrédients : le rôti de bœuf aux carottes, la salsa verde, les pêches rôties.

Préchauffez le four à 180 °C (th. 6). Enfournez les carottes pour 10 min. Éteignez le four et enfournez les pêches pendant le dîner. Elles seront tièdes pour le dessert.
Coupez le rôti en tranches. Servez avec la salsa verde.

Mercredi

Piperade, œufs et chiffonnade de jambon de Bayonne

Temps de préparation :
2 min
Temps de cuisson et réchauffage :
10 min

Ingrédients : la piperade réfrigérée, 8 œufs, le jambon de Bayonne, herbes au choix.

Versez la piperade dans une grande poêle et réchauffez à feu doux. Cassez les œufs sur le dessus, laissez cuire quelques minutes, ajoutez le jambon de Bayonne, parsemez d'herbes et servez.

Sortez du congélateur la tarte fine et placez-la au réfrigérateur pour le lendemain.

Jeudi

Tarte fine aux oignons et roquette

Temps de préparation :
5 min
Temps de réchauffage :
10 min

Ingrédients : la tarte fine, 1 sachet de roquette, huile d'olive et vinaigre balsamique.

Préchauffez le four à 180 °C (th. 6). Enfournez la tarte pour 10 min. Parsemez de roquette, versez 1 filet d'huile et de vinaigre balsamique.

Sortez la piperade du congélateur et placez-la au réfrigérateur pour le lendemain.

Vendredi

Pâtes, piperade, chèvre frais et basilic

Temps de préparation :
2 min
Temps de chauffage :
8/10 min

Ingrédients : les pâtes, la piperade, le chèvre frais, le reste de basilic.

Faites cuire les pâtes al dente selon les indications du paquet.

Réchauffez à feu doux la piperade. Coupez le chèvre en lamelles.

Mettez le tout dans un grand plat de service, mélangez et parsemez de basilic frais.

Automne

Menu #1

Courses Menu #1

Légumes/fruits

- 2 bottes de cresson
- 1 gros potimarron
- 4 épis de maïs
- 2 grosses pommes de terre
- 2 carottes
- 1 oignon
- 1 botte de coriandre
- 1 botte d'aneth
- 1 citron jaune
- 16 grosses figues
- 1 sachet de salade

Placard de base

- Moutarde en grains
- Thym
- Cannelle
- 1 cube de bouillon de légumes
- Vinaigre de vin rouge
- Huile d'olive
- Fleur de sel
- Poivre
- Miel liquide

Viande/poisson

- 8 merguez
- 8 tranches de bacon
- 3 dos de saumon

Crèmerie

- 4 œufs
- 1 bûche de chèvre
- 50 cl de crème liquide allégée
- 1 pâte feuilletée pur beurre

Épicerie

- 500 g de lentilles corail
- 40 cl de lait de coco

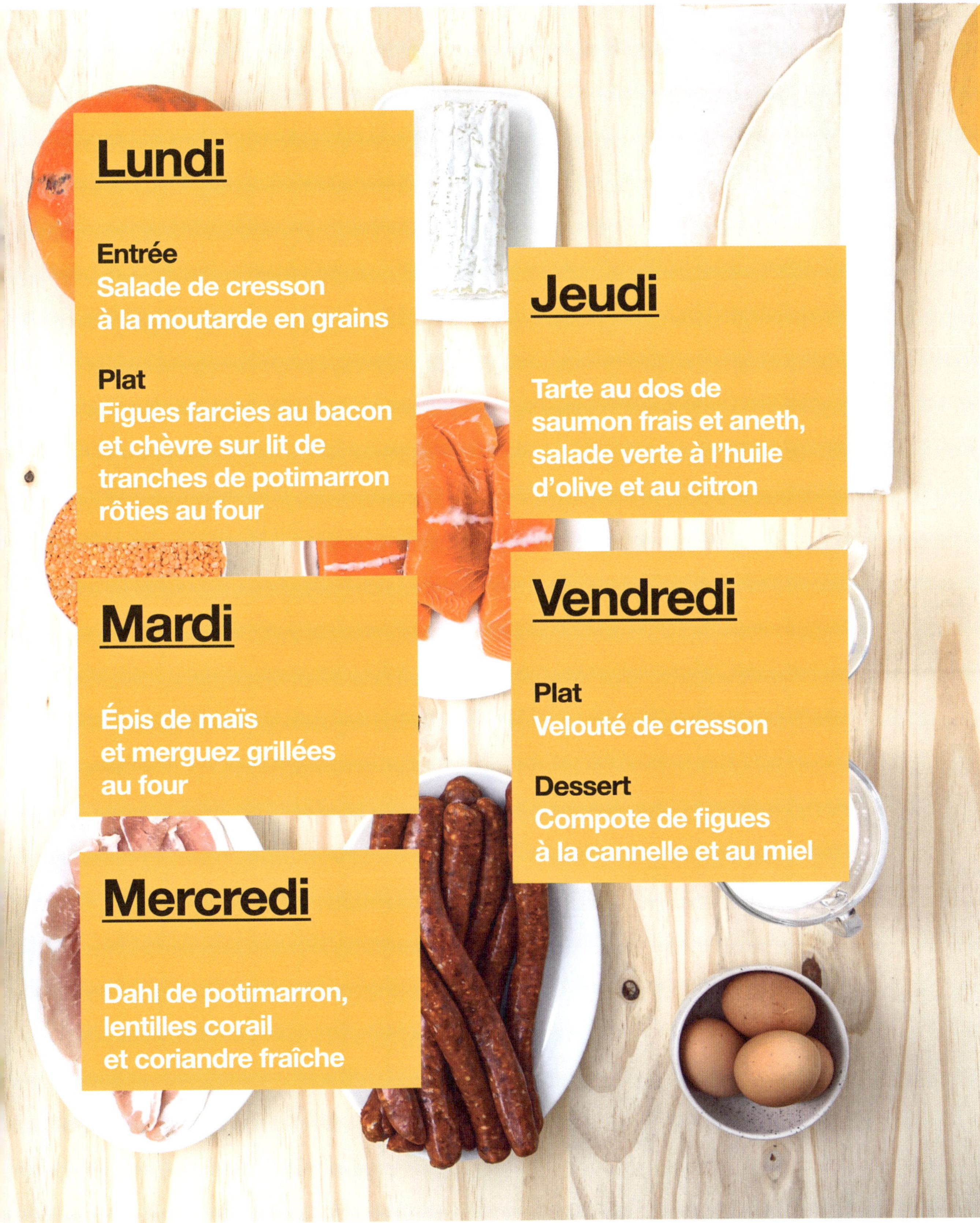

Lundi

Entrée
Salade de cresson à la moutarde en grains

Plat
Figues farcies au bacon et chèvre sur lit de tranches de potimarron rôties au four

Mardi

Épis de maïs et merguez grillées au four

Mercredi

Dahl de potimarron, lentilles corail et coriandre fraîche

Jeudi

Tarte au dos de saumon frais et aneth, salade verte à l'huile d'olive et au citron

Vendredi

Plat
Velouté de cresson

Dessert
Compote de figues à la cannelle et au miel

Préparation Menu #1

Au préalable

1) Si vous avez suffisamment de place, sortez les ingrédients dont vous allez avoir besoin pendant cette session de cuisine : tous sauf la salade.
Cela permet d'avoir tout sous la main et de ne pas perdre de temps à chercher les ingrédients dans les placards et le réfrigérateur.
2) Sortez les ustensiles nécessaires :

- 1 mixeur
- 1 essoreuse à salade
- 1 cocotte
- 1 casserole
- 2 grands plats à four
- 1 moule à tarte haut
- 1 plaque à four
- 1 planche à découper
- 1 bol
- 1 économe
- 1 fouet
- 1 presse-agrumes
- 7 récipients : 3 grands récipients pour les tranches de potimarron, les 4 maïs et le velouté de cresson, 2 récipients moyens pour les merguez et la compote, 2 petits récipients pour la vinaigrette à la moutarde en grains et la vinaigrette au citron
- 1 sachet pour le cresson, 2 sachets pour les herbes
- Papier sulfurisé, film alimentaire et papier absorbant

C'est parti pour 2 h de cuisine !

Commencez par préparer les légumes et les fruits.

1 Le cresson. Lavez le cresson et essorez-le bien. Mettez la moitié dans un sachet et réservez l'autre partie.

2 Les figues. Passez les figues sous l'eau claire. Entaillez-en 8 en croix et coupez les autres en huit.

3 Le potimarron. Lavez le potimarron et enlevez les parties rugueuses et/ou les yeux. Tranchez-le en deux, enlevez les pépins et coupez chaque moitié en deux. Coupez en petits cubes ¼ du potimarron et détaillez le reste en tranches.

4 Les épis de maïs. Enlevez les feuilles et passez les épis sous l’eau.

5 Les pommes de terre. Épluchez-les et coupez-les en petits cubes.

6 Les carottes. Épluchez-les et coupez-les en fines rondelles.

7 L’oignon. Épluchez et ciselez l’oignon.

8 La coriandre. Passez la coriandre sous l’eau claire, séchez-la bien avec du papier absorbant et ciselez-la.

9 L’aneth. Passez l’aneth sous l’eau claire, séchez-la avec du papier absorbant et ciselez-la.

10 Le citron. Coupez le citron en deux et pressez le jus du citron.

Commencez les cuissons. Préchauffez le four à 180 °C (th. 6).

11 La tarte au dos de saumon. Déroulez la pâte dans un moule à tarte. Piquez le fond à l’aide d’une fourchette. Tartinez une cuillère à soupe de moutarde en grains. Tirez d’un coup la peau des dos de saumon pour l’enlever et tranchez-les en lamelles épaisses. Déposez-les sur le fond de pâte. Cassez les 4 œufs dans un bol et versez la crème liquide. Fouettez, salez, poivrez et ajoutez la moitié de l’aneth ciselé. Versez sur la pâte. Enfournez pour 25 à 30 min. Laissez refroidir avant de filmer.

Préparation Menu #1

<u>**12** Les tranches de potimarron et les épis de maïs.</u> Faites cuire en même temps, sur une plaque à four chemisée de papier sulfurisé, les 4 épis de maïs et les tranches de potimarron. Assaisonnez le tout d'un filet d'huile d'olive, de sel et de poivre. Enfournez pour 30 à 35 min, sous la tarte. Laissez refroidir et placez dans deux grands récipients : les épis d'un côté, le potimarron de l'autre.

<u>**13** Le velouté de cresson.</u> Versez 1 filet d'huile d'olive dans une casserole et ajoutez les carottes et les pommes de terre. Mélangez, salez, poivrez et émiettez le cube de bouillon. Ajoutez 1 bon litre d'eau et laissez mijoter pendant 15 min. Ajoutez le cresson et laissez encore cuire pendant 8 min. Mixez bien. Laissez refroidir et placez dans un grand récipient.

<u>**14** Le dahl de potimarron.</u> Versez 1 bon filet d'huile d'olive dans la cocotte et ajoutez l'oignon. Laissez cuire 3 min, puis ajoutez les cubes de potimarron. Salez et poivrez, puis versez les lentilles corail. Ajoutez 80 cl d'eau et le lait de coco. Laissez mijoter à feu doux pendant 20 min (versez de l'eau si nécessaire). Laissez refroidir et ajoutez la moitié de la coriandre.

<u>**15** Les figues farcies au bacon et chèvre.</u> Coupez la buche de chèvre en tranches. Prenez les 8 figues incisées en croix. Farcissez-les de chèvre et enroulez-les dans une tranche de bacon. Mettez-les dans le plat à four, versez 1 filet d'huile d'olive et parsemez de thym. Enfournez pour 20 min. Laissez refroidir et filmez.

16 La compote de figues. Mettez les figues restantes dans une casserole, versez un fond d'eau, ajoutez 1 cuil. à café de jus de citron et laissez compoter pendant 10 min à couvert. Versez 1 cuil. à café de miel, 1 bonne pincée de cannelle, mélangez et laissez refroidir avant de placer la compote dans un récipient moyen.

17 Les merguez. Mettez les merguez dans un plat à four et enfournez pour 10 min en les retournant à mi-cuisson. Laissez-les refroidir, puis placez-les dans un récipient moyen.

18 La vinaigrette à la moutarde en grains. Mettez 1 cuil. à café de moutarde en grains dans un bol, ajoutez 1 cuil. à soupe de vinaigre de vin rouge et 3 cuil. à soupe d'huile d'olive. Salez, poivrez et émulsionnez. Versez dans un petit récipient.

19 La vinaigrette au citron. Versez 2 cuil. à soupe de jus de citron dans un bol et ajoutez 3 cuil. à soupe d'huile d'olive. Salez, poivrez et émulsionnez bien. Versez dans un petit récipient

Tout est prêt ! Laissez refroidir.

Placez au réfrigérateur :

* Les épis de maïs (se conservent 4 jours)
* Les tranches de potimarron (se conservent 3 jours)
* Le dahl de potimarron et lentilles corail (se conserve 4 jours)
* Les figues (se conservent 3 jours)
* Les merguez (se conservent 3 jours)
* Les vinaigrettes (se conservent 5 jours)

Placez au congélateur :

* La tarte au dos de saumon (se conserve 2 mois)
* Le velouté de cresson (se conserve 2 mois)
* La compote de figues (se conserve 2 mois)

Résultat Menu #1

 Menu #1

Lundi

Entrée

Salade de cresson à la moutarde en grains

Plat

Figues farcies au bacon et chèvre sur lit de tranches de potimarron rôties au four

Temps de préparation : 5 min
Temps de réchauffage : 10/12 min

Ingrédients : le sachet de cresson, la vinaigrette à la moutarde, les figues farcies, le potimarron rôti.
Préchauffez le four à 180 °C (th. 6).
Enfournez le plat avec les figues. Mettez les potimarrons dans un plat à four et enfournez en même temps pendant une bonne douzaine de minutes.
Versez la vinaigrette dans un saladier et ajoutez la salade de cresson.

Mardi

Épis de maïs et merguez grillées au four

Temps de réchauffage : 10 min

Ingrédients : les épis de maïs et les merguez.
Allumez le four en position gril.
Enfournez pour 10 min en retournant les épis de maïs et les merguez à mi-cuisson.

Mercredi

Dahl de potimarron, lentilles corail et coriandre fraîche

Temps de réchauffage : 10 min

Ingrédients : le dahl, de la coriandre.
Versez le dahl dans une grande casserole et faites réchauffer à feu doux pendant 10 min. Parsemez de coriandre avant de servir.
Sortez la tarte du congélateur et mettez-la au réfrigérateur pour le lendemain.

Jeudi

Tarte au dos de saumon frais et aneth, salade verte à l'huile d'olive et au citron

Temps de préparation : 2 min
Temps de réchauffage : 10 min

Ingrédients : la tarte, le sachet de salade, la vinaigrette au citron, de l'aneth.

Préchauffez le four à 180 °C (th. 6). Enfournez la tarte pour 10 min. Parsemez d'aneth avant de servir.
Versez la vinaigrette au citron dans un saladier et ajoutez la salade.
Sortez le velouté de cresson et la compote de figues du congélateur et mettez-les au frais pour le lendemain.

Vendredi

Plat
Velouté de cresson

Dessert
Compote de figues à la cannelle et au miel

Temps de réchauffage : 10 min

Ingrédients : le velouté de cresson et la compote de figues.

Réchauffez à feu doux le velouté de cresson et la compote de figues pour qu'elle soit tiède.

Menu #2

34
ELICOIDALI
Garofalo
500g
LA PASTA DI GRAGNANO DAL 1789
STORICO PASTIFICIO GAROFALO
PASTA DI GRAGNANO IGP

Courses Menu #2

Légumes/fruits

* 7 pommes de terre
* 7 carottes
* 1 poireau
* 1 céleri-rave
* 7 belles endives
* 8 champignons de Paris
* 2 oignons
* 1 botte de persil
* 1 orange

Placard de base

* 1 bouquet garni
* 1 cube de bouillon de bœuf ou de légumes
* Moutarde forte
* Huile d'olive
* Vinaigre de cidre
* Fleur de sel
* Poivre
* Miel liquide

Viande/poisson

* 800 g de bœuf à braiser
* 2 magrets de canard

Crèmerie

* 4 œufs
* 2 Boursin® ail & fines herbes
* 1 pot de crème fraîche épaisse
* 20 cl de crème liquide
* 100 g de parmesan râpé
* 2 pâtes feuilletées pur beurre

Épicerie

* 175 g de cerneaux de noix
* 1 boîte de châtaignes (250 g env.)
* 1 paquet de pâtes
* 50 cl de bière brune
* 600 g de mélange surgelé de champignons forestiers
* 1 pain de mie

Lundi

Entrée
Champignons farcis au Boursin®, pain de mie grillé

Plat
Soupe de légumes à la crème fraîche

Mardi

Entrée
Carpaccio de céleri-rave

Plat
Magrets de canard grillés et endives braisées à l'orange

Mercredi

Tourte aux champignons, châtaignes, noix et salade d'endives

Jeudi

Stew (ragoût) de bœuf aux carottes et pommes de terre

Vendredi

Pâtes au pesto de noix et persil ciselé

Préparation Menu #2

Au préalable

1) Si vous avez suffisamment de place, sortez les ingrédients dont vous allez avoir besoin pendant cette session de cuisine : tous sauf le pain de mie, le pot de crème fraîche épaisse et les pâtes.
Cela permet d'avoir tout sous la main et de ne pas perdre de temps à chercher les ingrédients dans les placards et le réfrigérateur.
2) Sortez les ustensiles nécessaires :

* 1 mixeur
* 1 râpe (mandoline)
* 1 planche à découper
* 1 couteau d'office
* 1 économe
* 1 plat à gratin
* 1 cuit-vapeur
* 1 poêle
* 1 moule à tarte
* 1 cocotte
* 1 presse-agrumes
* 7 récipients : 2 grands récipients pour la soupe de légumes et le stew, 3 récipients moyens pour le carpaccio, les magrets et les endives braisées, 2 petits récipients pour le pesto et la vinaigrette
* 2 sachets pour les endives et le persil

C'est parti pour 2 h de cuisine !

Commencez par préparer les légumes et les fruits.

1 Les champignons. Épluchez délicatement les chapeaux des champignons de Paris et retirez les pieds. Coupez le bout terreux des pieds, épluchez-les et gardez-les pour la soupe de légumes. Posez les chapeaux des champignons les uns à côté des autres dans un plat à gratin.

2 Les oignons. Épluchez et ciselez les oignons.

3 Les pommes de terre. Épluchez les pommes de terre et coupez-les en cubes.

4 Les carottes. Épluchez les carottes et détaillez-les en rondelles.

5 Le poireau. Coupez le vert du poireau. Tranchez-le en croix, lavez-les bien sous l'eau claire et ciselez-le grossièrement.

6 Le céleri-rave. Épluchez le céleri-rave et râpez-le en rondelles fines.

7 Les endives. Lavez les endives sous l'eau claire. Coupez-en 4 en deux dans la longueur et émincez les 3 autres avant de les placer directement dans un sachet.

8 Le persil. Lavez et séchez le persil avec du papier absorbant, ciselez-le finement.

9 L'orange. Coupez l'orange en deux et pressez le jus.

Commencez les cuissons. Préchauffez le four à 180 °C (th. 6).

10 Les champignons surgelés. Versez 1 filet d'huile d'olive dans une poêle et ajoutez les champignons surgelés. Faites-les cuire à feu doux et à couvert pendant 15 à 20 min. Videz la première eau de cuisson.

11 Le stew. Versez 1 filet d'huile d'olive dans la cocotte et faites revenir pendant 3 min les oignons. Coupez la viande de bœuf en gros morceaux et faites-la dorer de tous les côtés. Ajoutez la quantité de 4 carottes et 4 pommes de terre. Émiettez le cube de bouillon. Déposez le bouquet garni, salez et poivrez. Mélangez et versez la bière, puis couvrez à hauteur d'eau. Laissez mijoter à feu doux pendant 1 h 30.

Préparation Menu #2

Laissez refroidir et versez dans un grand récipient.

12 Les champignons farcis. Reprenez le plat avec les champignons. Farcissez généreusement les chapeaux de Boursin®. Enfournez pour 20 min. Laissez refroidir avant de filmer.

13 La soupe de légumes. Mettez, dans une grande casserole, les carottes et les pommes de terre restantes, ajoutez le poireau et les pieds de champignons, versez 1,5 l d'eau, salez et laissez cuire pendant 20 min. Mixez, salez et poivrez selon les goûts, puis laissez refroidir avant de la verser dans un grand récipient.

14 La tourte. Reprenez les champignons cuits, égouttez-les, ajoutez la boîte de châtaignes, 2 cuil. à soupe de persil et 3 cuil. à soupe de cerneaux de noix. Mélangez bien. Versez la crème liquide dans un bol, salez, poivrez et cassez 3 œufs. Battez bien au fouet et versez dans la préparation aux champignons. Déroulez 1 pâte feuilletée dans le moule à tarte. Ajoutez la préparation aux champignons, tassez légèrement. Déroulez la seconde pâte feuilletée et posez-la par-dessus. Rentrez l'excédent de pâte sous la pâte du dessous. Cassez le dernier œuf dans un petit bol, fouettez à la fourchette et badigeonnez généreusement la pâte. Tracez des traits à la fourchette sur le dessus, puis enfournez pour 25 min. Laissez refroidir avant de filmer.

15 Les endives braisées. Faites cuire les 4 endives pendant 15 min dans le cuit-vapeur. Versez 1 filet d'huile dans une poêle et faites

dorer les endives, déglacez avec le jus d'orange et ajoutez 1 cuil. à café de miel, salez et poivrez. Laissez refroidir et placez dans un récipient moyen.

<u>16 Les magrets.</u> Tailladez en croix le gras des magrets. Faites chauffer une poêle et déposez les magrets, gras vers le fond. Couvrez et laissez cuire pendant 10 min en enlevant le gras régulièrement. Salez, poivrez et laissez refroidir, puis placez les magrets dans un récipient moyen.

<u>17 Carpaccio de céleri-rave.</u> Mettez les rondelles fines de céleri-rave dans un récipient moyen, ajoutez 1 trait de vinaigre et d'huile d'olive, salez.

<u>18 Le pesto de noix.</u> Mettez 130 g de noix dans le mixeur, ajoutez 100 g de parmesan, 1 pincée de sel et versez 6 cuil. à soupe d'huile d'olive. Mixez et versez de l'huile d'olive jusqu'à l'obtention d'une texture onctueuse. Conservez le pesto dans un petit récipient.

<u>19 La vinaigrette au miel.</u> Mettez dans un bol 1 cuil. à café de moutarde forte, ajoutez 1 trait de miel, 2 cuil. à soupe de vinaigre et 3 cuil. à soupe d'huile d'olive. Salez, poivrez et émulsionnez. Versez dans un petit récipient. Conservez le persil dans un sachet au réfrigérateur.

Tout est prêt ! Laissez refroidir.

Placez au réfrigérateur :

* Le sachet d'endives (se conservent 4 jours)
* Les champignons farcis (se conservent 2 jours)
* La soupe de légumes (se conserve 3 jours)
* La tourte aux champignons (se conserve 3 jours)
* Les magrets (se conservent 3 jours)
* Les endives à l'orange (se conservent 3 jours)
* Le céleri-rave (se conserve 2 jours)
* Le pesto de noix (se conserve 10 jours)
* La vinaigrette (se conserve 6 jours)
* Le sachet de persil (se conserve 5 jours)

Placez au congélateur :

* Le stew (se conserve 2 mois)

Résultat Menu #2

Lundi

Entrée

Champignons farcis au Boursin®, pain de mie grillé

Plat

Soupe de légumes à la crème fraîche

Temps de préparation :
5 min
Temps de réchauffage :
10/12 min

Ingrédients : les champignons farcis, la soupe de légumes, la crème fraîche épaisse, du persil, le pain de mie.

Préchauffez le four à 160 °C (th. 5-6). Enfournez les champignons pour 10/12 min. Faites griller des tranches de pain de mie.

Versez la soupe dans une casserole et réchauffez à feu doux pendant 8 à 10 min. Au moment de servir, ajoutez de la crème et parsemez de persil avant de servir.

Mardi

Entrée

Carpaccio de céleri-rave

Plat

Magrets de canard grillés et endives braisées à l'orange

Temps de préparation :
5 min
Temps de réchauffage :
10 min

Ingrédients : le carpaccio de céleri-rave, du persil, les magrets de canard, les endives braisées.

Faites réchauffer dans deux poêles différentes les magrets et les endives à feu doux pendant 10 min.

Déposez les rondelles de céleri-rave en rond sur une assiette, versez le jus et parsemez de persil. Dégustez l'entrée pendant que le plat réchauffe.

Mercredi

Tourte aux champignons, châtaignes, noix et salade d'endives

Temps de préparation : 2 min
Temps de réchauffage : 10/12 min

Ingrédients : la tourte aux champignons, le sachet d'endives émincées, la vinaigrette au miel.
Préchauffez le four à 180 °C (th. 6) et enfournez la tourte pour 10/12 min.
Versez la vinaigrette au miel dans un saladier et ajoutez les endives.
Sortez le stew du congélateur et mettez-le au réfrigérateur pour le lendemain.

Jeudi

Stew (ragoût) de bœuf aux carottes et pommes de terre

Temps de réchauffage : 10 min

Ingrédients : le stew et du persil.
Versez le stew dans une casserole ou une cocotte et réchauffez à feu doux pendant 10 min. Parsemez de persil avant de servir.

Vendredi

Pâtes au pesto de noix et persil ciselé

Temps de préparation : 2 min
Temps de cuisson : 10 min

Ingrédients : les pâtes, le pesto et le reste de persil.
Faites cuire les pâtes al dente selon les indications du paquet. Égouttez-les et gardez 2 cuil. à soupe d'eau de cuisson. Versez-les dans un saladier et ajoutez l'eau de cuisson, le pesto de noix et le reste de persil. Mélangez et servez immédiatement.

Menu #3

Courses Menu #3

Légumes/fruits

- 2 céleris
- 1 patate douce
- 4 carottes
- 10 poireaux
- 2 oignons
- 1 botte de persil
- 1 citron jaune
- 8 poires
- 1 sachet de roquette

Placard de base

- 1 bouquet garni
- 1 cube de bouillon de légumes
- Cardamome
- Curry de Madras
- Moutarde forte
- Huile d'olive
- Vinaigre de vin
- Sel
- Poivre
- Sucre

Viande/poisson

- 4 escalopes de dinde
- 1 barquette de jambon séché (viande des Grisons, Forêt-Noire ou italien)
- 4 grandes tranches de saumon fumé

Crèmerie

- 400 g de roquefort
- 400 g de ricotta
- 2 yaourts de brebis
- 1 l de crème liquide légère
- 100 g de parmesan râpé
- 60 g de gruyère râpé
- 1 grande pâte à pizza rectangulaire

Épicerie

- 40 cl de lait de coco
- 25 g de cerneaux de noix
- 300 g de riz rond

Lundi

Entrée
Céleri râpé, yaourt et persil

Plat
Pizza au roquefort, poire, noix, jambon séché et roquette

Mardi

Sauté de dinde aux carottes, céleri et persil frais

Mercredi

Risotto aux poireaux et parmesan râpé

Jeudi

Plat
Velouté de légumes au lait de coco et pointe de Madras

Dessert
Compote de poires à la cardamome

Vendredi

Gratin de poireaux au saumon fumé

Préparation Menu #3

Au préalable

1) Si vous avez suffisamment de place, sortez les ingrédients dont vous allez avoir besoin pendant cette session de cuisine : tous sauf le parmesan râpé, le jambon séché et le sachet de roquette.
Cela permet d'avoir tout sous la main et de ne pas perdre de temps à chercher les ingrédients dans les placards et le réfrigérateur.
2) Sortez les ustensiles nécessaires :

* 1 mixeur
* 1 cuit-vapeur
* 1 bouilloire
* 1 plaque à four
* 1 râpe
* 1 cocotte
* 2 grandes casseroles
* 1 faitout
* 1 plat à gratin
* 1 bol
* 1 planche à découper
* 1 économe
* 1 presse-agrumes
* 5 récipients : 3 grands récipients pour le sauté de dinde, le risotto et le velouté, 2 récipients moyens pour le céleri râpé et la compote de poires
* 1 sachet pour le persil
* Papier sulfurisé, film alimentaire et papier absorbant

C'est parti pour 2 h de cuisine !

Commencez par préparer les légumes et les fruits.

1 Les céleris. Épluchez les céleris et râpez-en un avec les gros trous de la râpe. Réservez-le dans un récipient moyen. Coupez le second en morceaux.

2 La patate douce. Épluchez et coupez en cubes la patate douce.

3 Les carottes. Épluchez et lavez les carottes. Coupez-les en rondelles.

4 Les poireaux. Coupez le vert des poireaux et incisez le blanc. Lavez-les sous l'eau claire. Ciselez finement 2 poireaux.

5 Les poires. Épluchez les poires, coupez-les en quatre et enlevez les fibres. Tranchez-en 5 en morceaux que vous pouvez mettre dans une casserole. Coupez le reste en fines tranches.

6 Le citron. Coupez le citron en deux et pressez-le. Versez un filet sur le céleri râpé et sur les poires en morceaux et en lamelles pour qu'elles ne s'oxydent pas.

7 Les oignons. Épluchez et ciselez les oignons.

8 Le persil. Passez le persil sous l'eau, séchez-le avec du papier absorbant et ciselez-le finement.

Commencez les cuissons. Préchauffez le four à 180 °C (th. 6).

9 Les poireaux entiers. Faites-les cuire dans le cuit-vapeur pendant 20 min. Laissez-les refroidir.

10 La pizza. Déroulez la pâte à pizza sur la plaque du four. Dans un bol, mettez la ricotta, 1 yaourt et versez 3 cuil. à soupe de crème liquide. Poivrez bien et salez légèrement. Mélangez en crème épaisse, puis étalez-la sur la pâte. Ajoutez les lamelles de poires, le roquefort coupé grossièrement et des morceaux de noix. Enfournez pour 25 à 30 min. Laissez refroidir avant de filmer.

11 Velouté de légumes. Mettez dans une casserole les cubes de patate douce, ajoutez l'équivalent d'une carotte coupée en rondelles,

Préparation Menu #3

1 pincée de vert de poireaux émincé, 1 morceau de céleri et saupoudrez d'une cuillerée à soupe de curry. Mélangez et versez le lait de coco, puis 60 cl d'eau. Laissez mijoter à petits bouillons pendant 20 min. Goûtez, mixez et versez dans un grand récipient.

12 Le sauté de dinde. Versez 1 filet d'huile d'olive dans un faitout et faites revenir 1 oignon émincé. Coupez les blancs de dinde en morceaux. Ajoutez-les et faites-les dorer de tous les côtés. Salez, poivrez. Ajoutez les morceaux de céleri et les rondelles de carotte restantes. Déposez le bouquet garni, couvrez à hauteur d'eau et laissez mijoter pendant 20 min. Laissez refroidir avant de placer le sauté dans un grand récipient.

13 Le gratin de poireaux. Versez un peu de crème liquide dans le plat à gratin. Prenez les poireaux entiers cuits à la vapeur et enroulez 2 poireaux dans une tranche de saumon fumé. Faites ainsi de suite et déposez dans le plat. Poivrez bien et versez la crème liquide légère. Saupoudrez de gruyère râpé et enfournez pour 10 min à la suite de la pizza. Laissez refroidir et filmez.

14 Le risotto. Faites chauffer 1 l d'eau. Versez 1 filet d'huile d'olive dans une casserole ou un faitout. Faites revenir le dernier oignon, puis ajoutez les poireaux émincés et 1 second filet d'huile d'olive. Mélangez et laissez fondre pendant 5 min. Versez le riz et mélangez jusqu'à ce qu'il soit translucide. Émiettez le cube de bouillon de légumes et versez de l'eau. Laissez cuire, puis versez à nouveau de l'eau. Faites ainsi

jusqu'à ce que le riz soit bien moelleux. Stoppez la cuisson, versez dans un grand récipient et laissez refroidir.

<u>**15** La compote de poires.</u> Versez un fond d'eau dans la casserole contenant les poires, ajoutez 1 pincée de cardamome et 1 cuil. à soupe de sucre. Laissez cuire pendant 10 à 12 min. Mixez ou pas selon les goûts, et versez dans un récipient moyen.

<u>**16** Le céleri râpé.</u> Versez 1 yaourt dans un bol, ajoutez le jus de citron et 1 cuil. à café de moutarde. Mélangez bien, salez et poivrez. Versez sur le céleri, ajoutez 1 pincée de persil et mélangez bien.
Mettez le reste de persil dans un sachet.

Tout est prêt ! Laissez refroidir.

Placez au réfrigérateur :

- La pizza (se conserve 2 jours)
- Le sauté de dinde (se conserve 3 jours)
- Le risotto (se conserve 3 jours)
- La compote de poires (se conserve 5 jours)
- Le céleri râpé (se conserve 2/3 jours)
- Le sachet de persil (se conserve 6 jours)

Placez au congélateur :

- Le velouté de légumes (se conserve 2 mois)
- Le gratin de poireaux (se conserve 2 mois)

Résultat Menu #3

Menu #3

Lundi

Entrée

Céleri râpé, yaourt et persil

Plat

Pizza au roquefort, poire, noix, jambon séché et roquette

Temps de préparation :
2 min
Temps de réchauffage :
10 min

Ingrédients : le céleri râpé, du persil, la pizza, le jambon séché, le sachet de roquette, huile d'olive.

Parsemez le céleri râpé de persil.
Préchauffez le four à 180 °C (th. 6) et enfournez la pizza pour 10 min. Déposez du jambon et de la roquette sur la pizza avant de servir et ajoutez 1 filet d'huile d'olive.

Mardi

Sauté de dinde aux carottes, céleri et persil frais

Temps de réchauffage :
10 min

Ingrédients : le sauté de dinde, du persil.

Versez le sauté dans une casserole et faites réchauffer à feu doux pendant 10 min. Parsemez de persil avant de servir.

Mercredi

Risotto aux poireaux et parmesan râpé

Temps de réchauffage :
10 min

Ingrédients : le risotto et le parmesan râpé.

Faites réchauffer à feu doux dans une grande casserole le risotto. Ajoutez de l'eau si nécessaire. Servez avec le parmesan.

Sortez le velouté de légumes du congélateur et placez-le au réfrigérateur pour le lendemain.

Temps de réchauffage :
10 min

Jeudi

Plat

Velouté de légumes au lait de coco et pointe de Madras

Dessert

Compote de poires à la cardamome

Ingrédients : le velouté de légumes, le reste de persil et la compote de poires.

Réchauffez à feu doux le velouté de légumes pendant 10 min puis parsemez-le de persil avant de servir.

Sortez le gratin du congélateur et mettez-le au réfrigérateur pour le lendemain.

Vendredi

Gratin de poireaux au saumon fumé

Temps de réchauffage :
10/12 min

Ingrédients : le gratin de poireaux.

Préchauffez le four à 180 °C (th. 6) et enfournez pour 10 à 12 min.

Menu #4

Courses Menu #4

Légumes/fruits

* 6 panais
* 6 carottes
* 1 patate douce
* 6 pommes de terre
* 1 salade trévise
* 2 betteraves crues
* 2 têtes d'ail
* 1 bouquet de persil
* 1 bouquet de ciboulette
* 3 oranges
* 2 sachets de mâche

Placard de base

* 2 feuilles de laurier
* Romarin
* Noix muscade
* Moutarde
* Huile d'olive
* Vinaigre de vin rouge
* Sel, poivre noir

Viande/poisson

* 800 g de morceaux d'agneau
* 12 tranches de bacon
* 2 tranches de jambon blanc

Crèmerie

* 4 œufs
* 1 morceau de comté (300 g)
* 500 g de fromage blanc
* 1 sachet de pecorino râpé
* 50 cl de crème liquide légère
* 1 pâte feuilletée pur beurre

Épicerie

* 40 g de pistaches décortiquées non salées
* 1 paquet de tagliatelles

Lundi

Entrée
Frites de comté sur bouquets de mâche

Plat
Velouté de panais, carottes et chips de bacon

Mardi

Entrée
Carpaccio d'oranges, huile d'olive et poivre noir

Plat
Cocotte d'agneau, ail et pommes de terre

Mercredi

Plaque de légumes au four et fromage blanc aux herbes

Jeudi

Quiche jambon-comté et salade trévise

Vendredi

Tagliatelles au pesto de mâche et pecorino râpé

Préparation Menu #4

Au préalable

1) Si vous avez suffisamment de place, sortez les ingrédients dont vous allez avoir besoin pendant cette session de cuisine : tous sauf les tagliatelles, le fromage blanc et 1 sachet de mâche.
Cela permet d'avoir tout sous la main et de ne pas perdre de temps à chercher les ingrédients dans les placards et le réfrigérateur.
2) Sortez les ustensiles nécessaires :

* 1 mixeur
* 1 cocotte
* 1 poêle
* 1 plaque ou 1 grand plat à four
* 1 moule à tarte
* 1 essoreuse à salade
* 2 bols
* 1 planche à découper
* 1 couteau d'office
* 1 économe
* 7 récipients : 3 grands récipients pour le velouté, les légumes au four et les oranges, 4 petits récipients pour les frites de comté, la vinaigrette, le pesto et le bacon
* 1 grand sachet pour la salade, 1 sachet pour les herbes
* Film alimentaire, papier sulfurisé, papier absorbant

C'est parti pour 2 h de cuisine !

Commencez par préparer les légumes et les fruits.

1 Les panais. Épluchez les panais et coupez-les en rondelles.

2 Les carottes. Épluchez les carottes et coupez-les en rondelles.

3 La patate douce. Épluchez la patate douce et coupez-la en cubes.

4 Les pommes de terre. Épluchez les pommes de terre et coupez-les en cubes.

5 La salade trévise. Épluchez la salade trévise, lavez-la sous l'eau claire et essorez-la bien. Mettez-la dans un sachet.

6 Les betteraves. Épluchez les betteraves et coupez-les en petits cubes.

7 Les oranges. Épluchez les oranges et coupez-les en rondelles fines. Mettez-les immédiatement dans un grand récipient avec leur jus.

8 Les têtes d'ail. Coupez une tête en deux dans la largeur. Détachez les gousses de l'autre tête.

9 Le persil et la ciboulette. Passez-les sous l'eau, séchez-les bien avec du papier absorbant et ciselez-les finement.

Commencez les cuissons. Préchauffez le four à 180 °C (th. 6).

10 Les légumes au four. Chemisez de papier sulfurisé une plaque à four ou un grand plat à four. Déposez les cubes de betteraves et de patate douce, l'équivalent de 3 panais, de 4 carottes et la tête d'ail tranchée en deux. Arrosez d'huile d'olive, salez, poivrez et parsemez de romarin. Enfournez pour 1 h en mélangeant de temps en temps. Laissez refroidir avant de placer dans un grand récipient.

11 La cocotte d'agneau. Versez 1 filet d'huile d'olive dans la cocotte et faites revenir les gousses d'ail en chemise. Ajoutez les morceaux d'agneau et faites-les dorer. Ajoutez les feuilles de laurier, salez et poivrez. Mélangez et ajoutez

Préparation Menu #4

l'équivalent de 4 pommes de terre. Couvrez à hauteur d'eau et laissez mijoter pendant 1 petite heure.

12 Le velouté de panais. Mettez dans une casserole les rondelles de panais et de carottes restantes, ajoutez les cubes de pommes de terre et versez 1 bon litre d'eau. Salez, poivrez et laissez mijoter pendant 20 min. Ajoutez 3 cuil. à soupe de persil, mixez et versez dans un grand récipient.

13 La quiche. Déroulez la pâte feuilletée dans le plat à tarte. Cassez les œufs dans un bol et versez la crème liquide. Salez, poivrez, ajoutez 1 pincée de muscade et battez à la fourchette. Piquez le fond de tarte avec une fourchette. Coupez le jambon en morceaux. Râpez un peu de comté et ajoutez le tout dans la préparation à la crème. Versez sur la pâte feuilletée et enfournez pour 20 à 25 min. Laissez refroidir avant de filmer.

14 Les chips de bacon. Faites griller le bacon dans une poêle à sec jusqu'à ce qu'il devienne dur. Laissez refroidir sur du papier absorbant et placez-le dans un petit récipient.

15 Le pesto. Versez 1 sachet de mâche dans le mixeur, ajoutez les pistaches, poivrez, ajoutez 2 cuil. à soupe de pecorino et versez 5 cuil. à soupe d'huile d'olive. Mixez et ajoutez de l'huile d'olive jusqu'à l'obtention d'une texture souple. Versez dans un petit récipient.

<u>**16** Le fromage blanc aux herbes.</u> Ajoutez les ¾ des herbes restantes dans le fromage blanc, salez et poivrez. Mélangez bien. Refermez le couvercle, conservez dans le pot.

<u>**17** La vinaigrette.</u> Mettez 1 cuil. à café de moutarde dans un bol, ajoutez 1 cuil. à soupe de vinaigre et 4 cuil. à soupe d'huile d'olive, salez et poivrez. Émulsionnez et conservez dans un petit récipient.

<u>**18** Les frites de comté.</u> Coupez le comté en 4 tranches un peu épaisses, puis coupez les tranches en 4 bâtonnets. Réservez dans un petit récipient.
Mettez les herbes dans le même sachet et conservez-les au réfrigérateur.

Tout est prêt ! Laissez refroidir.

Placez au réfrigérateur :

* Les oranges (se conservent 4 jours)
* Les légumes au four (se conservent 3 jours)
* La cocotte d'agneau (se conserve 3 jours)
* Le velouté de panais (se conserve 3 jours)
* Les chips de bacon (se conservent 5 jours)
* Le pesto (se conserve 6 jours)
* Le fromage blanc aux herbes (se conserve 5 jours)
* La vinaigrette (se conserve 6 jours)
* Les frites de comté (se conservent 4 jours)
* Le sachet avec la salade (se conserve 5 jours)
* Le sachet avec le reste de ciboulette et persil (se conserve 4 jours)

Placez au congélateur :

* La quiche (se conserve 2 mois)

Résultat Menu #4

À faire chaque soir Menu #4

Lundi

Entrée

Frites de comté sur bouquets de mâche

Plat

Velouté de panais, carottes et chips de bacon

Temps de préparation :
3 min
Temps de réchauffage :
10 min

Ingrédients : les frites de comté, le dernier sachet de mâche, le velouté de panais, les chips de bacon, huile d'olive, vinaigre, sel et poivre.

Versez le velouté dans une casserole et réchauffez à feu doux pendant 10 min.
Pendant ce temps, déposez la mâche sur une grande assiette, versez 1 filet d'huile d'olive et de vinaigre, déposez les frites de comté, parsemez d'une pincée de ciboulette-persil, salez et poivrez. Servez en entrée.
Versez le velouté dans des assiettes creuses, ajoutez les chips de bacon et 1 filet d'huile d'olive, puis poivrez avant de déguster.

Mardi

Entrée

Carpaccio d'oranges, huile d'olive et poivre noir

Plat

Cocotte d'agneau, ail et pommes de terre

Temps de préparation :
3 min
Temps de réchauffage :
10 min

Ingrédients : le carpaccio d'oranges, huile d'olive, poivre noir, la cocotte d'agneau, le sachet de persil et ciboulette.

Faites réchauffer à feu doux la cocotte pendant 10 min.
Déposez les rondelles d'oranges sur une grande assiette, versez 1 filet d'huile d'olive, poivrez et servez en entrée.
Parsemez de persil et ciboulette la cocotte d'agneau avant de la servir.

Mercredi

Temps de réchauffage :
10 min

Plaque de légumes au four et fromage blanc aux herbes

Ingrédients : les légumes au four et le fromage blanc.
Faites réchauffer à feu doux les légumes dans une grande poêle. Servez avec le fromage blanc aux herbes.
Sortez la quiche du congélateur et mettez-la au réfrigérateur pour le lendemain.

Jeudi

Quiche jambon-comté et salade trévise

Temps de préparation :
2 min
Temps de réchauffage :
10 min

Ingrédients : la quiche, la vinaigrette, le sachet de salade trévise.
Préchauffez le four à 180 °C (th. 6). Enfournez la quiche pour 10 min.
Versez la vinaigrette dans un saladier et ajoutez la salade. Mélangez.

Vendredi

Temps de cuisson :
8/10 min

Tagliatelles au pesto de mâche et pecorino râpé

Ingrédients : le paquet de tagliatelles, le pesto de mâche et le pecorino.
Faites cuire les tagliatelles al dente selon les indications du sachet. Égouttez-les en gardant 3 cuil. à soupe d'eau de cuisson. Versez les tagliatelles dans un plat, ajoutez l'eau de cuisson et le pesto. Mélangez bien et servez avec le pecorino.

Hiver

Menu #1

Courses Menu #1

Courses Menu #1

Légumes/fruits

✱ 10 endives
✱ 1 petit chou vert
✱ 2 pommes de terre
✱ 4 carottes anciennes (de couleur blanche, jaune, rouge…)
✱ 3 topinambours
✱ 1 botte de persil
✱ 1 citron jaune non traité
✱ 6 pommes

Placard de base

✱ 4 cubes de bouillon de légumes
✱ Huile d'olive
✱ Vinaigre balsamique
✱ Bouquet garni
✱ Sel
✱ Poivre
✱ Sucre vanillé

Viande/poisson

✱ 800 g de bœuf en morceaux
✱ 1 barquette de lardons fumés (150 g)
✱ 4 grandes tranches de truite fumée

Crèmerie

✱ 4 œufs
✱ 800 g de gnocchis
✱ 1 l de crème liquide
✱ 80 g de parmesan
✱ 80 g de fromage râpé de type comté
✱ 80 g de gorgonzola
✱ 1 pâte brisée pur beurre

Épicerie

✱ 500 g de pois cassés
✱ 30 g de cerneaux de noix
✱ 1 pot de raifort

Lundi

Entrée
Salade d'endives aux noix

Plat
Tarte aux légumes anciens

Mardi

Plat
Potée de bœuf au chou vert et légumes

Dessert
Compote de pommes à la vanille

Mercredi

Velouté de pois cassés aux lardons grillés

Jeudi

Gratin d'endives à la truite fumée, raifort et zestes de citron

Vendredi

Gnocchis aux 3 fromages

Préparation Menu #1

Au préalable

1) Si vous avez suffisamment de place, sortez les ingrédients dont vous allez avoir besoin pendant cette session de cuisine.
Cela permet d'avoir tout sous la main et de ne pas perdre de temps à chercher les ingrédients dans les placards et le réfrigérateur.
2) Sortez les ustensiles nécessaires :

- 1 cocotte
- 2 casseroles
- 1 faitout
- 1 poêle
- 1 cuit-vapeur
- 1 moule à tarte
- 1 plat à gratin
- 1 planche à découper
- 1 économe
- 1 zesteur
- 1 couteau d'office
- 1 presse-agrumes
- 6 récipients : 3 grands récipients pour la compote de pommes, le velouté et les gnocchis, 3 petits récipients pour la vinaigrette au raifort, les lardons et les noix
- 1 sachet pour la salade d'endives et 1 sachet pour le persil
- Film alimentaire, papier absorbant

C'est parti pour 2 h de cuisine !

Commencez par préparer les légumes et les fruits.

1 Les endives. Lavez les endives sous l'eau claire, coupez les troncs et émincez-en 2 et placez-les dans un sachet. Faites précuire les autres endives : mettez-les dans le cuit-vapeur et faites-les cuire 15 à 18 min. Laissez refroidir.

2 Le chou vert. Enlevez les grosses feuilles, passez le chou sous l'eau et coupez-le en quatre. Blanchissez le chou vert pour qu'il soit plus digeste. Faites chauffer une casserole d'eau salée, mettez-y les tranches de chou vert et laissez-les cuire 8 à 10 min.

3 Les pommes de terre. Épluchez les pommes de terre et coupez-les en quatre.

4 Les carottes anciennes. Épluchez les carottes et coupez-les en rondelles fines.

5 Les topinambours. Épluchez les topinambours et faites-les blanchir pendant 15 min à la suite du chou.

6 Les pommes. Épluchez les pommes et coupez-les en morceaux. Mettez-les dans une casserole.

7 Le persil. Passez le persil sous l'eau, séchez-le avec du papier absorbant et ciselez-le.

8 Le citron. Zestez, puis pressez le jus du citron.

Commencez les cuissons. Préchauffez le four à 180 °C (th. 6).

9 La compote de pommes. Versez un fond d'eau dans la casserole avec les pommes. Faites cuire pendant 12 min à petits bouillons. Ajoutez 1 sachet de sucre vanillé. Laissez refroidir et versez la compote dans un grand récipient.

10 La potée de bœuf. Versez 1 bon filet d'huile dans la cocotte et faites dorer les morceaux de bœuf. Émiettez 2 cubes de bouillon de légumes, ajoutez les pommes de terre, 3 morceaux de chou, l'équivalent d'une carotte en rondelles, le bouquet garni et couvrez d'eau. Laissez mijoter à feu doux une petite heure. Laissez refroidir.

Préparation Menu #1

11 La tarte. Déroulez la pâte dans le moule à tarte. Cassez 4 œufs dans un bol, ajoutez 50 cl de crème liquide et battez à la fourchette. Salez et poivrez. Coupez en morceaux 1 morceau de chou et les topinambours, puis mettez-les sur le fond de tarte. Ajoutez les rondelles fines de carottes restantes et versez la préparation aux œufs. Enfournez pour 20 à 25 min, puis laissez refroidir.

12 Le velouté de pois cassés. Faites cuire les pois cassés selon les indications du paquet avec 2 cubes de bouillon de légumes dans l'eau. Réservez l'eau de cuisson dans un bol quand c'est cuit. Mixez les pois cassés avec le jus de citron, puis versez au fur et à mesure de l'eau de cuisson pour que la texture soit onctueuse. (Réservez 6 cuil. à soupe d'eau de cuisson pour les gnocchis.) Laissez refroidir et placez le velouté dans un grand récipient.

13 Les gnocchis. Faites cuire les gnocchis selon les indications du paquet. Préparez la sauce aux fromages. Dans une petite casserole, mettez le l'eau de cuisson réservée, le fromage râpé et le gorgonzola détaillé en cubes. Versez 20 cl environ de crème liquide et laissez fondre à feu doux. Ajoutez le parmesan. Mettez les gnocchis cuits dans un grand récipient et versez la crème aux fromages dessus. Poivrez et laissez refroidir avant de placer les gnocchis dans un grand récipient.

14 Le gratin d'endives. Enveloppez 2 endives cuites dans 1 tranche de truite fumée et faites ainsi de suite. Déposez-les dans le plat à gratin, en les serrant bien les unes contre les autres.

Versez le reste de crème (30 cl) dans un bol, ajoutez 2 cuil. à soupe de raifort, les zestes du citron et du poivre. Mélangez bien et versez sur la préparation. Parsemez de persil ciselé. Filmez.

15 La vinaigrette. Émulsionnez dans un petit récipient 1 cuil. à café de raifort avec 1 cuil. à soupe de vinaigre et 2 cuil. à soupe d'huile d'olive. Salez et poivrez.

16 Les cerneaux de noix. Faites griller les noix à sec dans une poêle. Réservez dans un petit récipient.

17 Les lardons. Faites griller les lardons à sec dans une poêle, laissez-les refroidir sur du papier absorbant et conservez-les dans un petit récipient.
Mettez le persil qui reste dans un sachet.

Tout est prêt ! Laissez refroidir.

Mettez au réfrigérateur :

* La compote de pommes (se conserve 5 jours)
* La tarte (se conserve 3 jours)
* La potée (se conserve 4 jours)
* Le velouté de pois cassés (se conserve 4 jours)
* La vinaigrette (se conserve 6 jours)
* Les cerneaux de noix (se conservent 4 jours)
* Les lardons (se conservent 6 jours)
* Les endives en rondelles (se conservent 3 jours)
* Le persil (se conserve 6 jours)

Mettez au congélateur :

* Les gnocchis (se conservent 2 mois)
* Le gratin d'endives (se conserve 2 mois)

Résultat Menu #1

À faire chaque soir Menu #1

Lundi

Entrée
Salade d'endives aux noix

Plat
Tarte aux légumes anciens

Temps de préparation : 2 min
Temps de réchauffage : 10/12 min

Ingrédients : les endives émincées, la vinaigrette, les noix et la tarte.
Préchauffez le four à 180 °C (th. 6) et enfournez la tarte pour 10 à 12 min.
Versez la vinaigrette au raifort dans un saladier, ajoutez les endives et les noix. Servez l'entrée pendant que la tarte réchauffe.

Mardi

Plat
Potée de bœuf au chou vert et légumes

Dessert
Compote de pommes à la vanille

Temps de réchauffage : 10 min

Ingrédients : la potée, du persil et la compote de pommes.
Réchauffez à feu doux la potée pendant 10 min. Parsemez de persil avant de servir.
Servez la compote dans des petites coupelles.

Mercredi

Velouté de pois cassés aux lardons grillés

Temps de réchauffage : 10 min

Ingrédients : le velouté et les lardons.
Réchauffez à feu doux le velouté de pois cassés, parsemez de lardons grillés et servez.
Sortez le gratin d'endives du congélateur et mettez-le au réfrigérateur pour le lendemain.

Jeudi

Gratin d'endives à la truite fumée, raifort et zestes de citron

Temps de réchauffage :
10/12 min

Ingrédients : le gratin d'endives et le reste de persil.
Préchauffez le four à 180 °C (th. 6). Enfournez pour 10 à 12 min. Parsemez de persil avant de servir.
Sortez les gnocchis du congélateur et placez-les au réfrigérateur pour le lendemain.

Vendredi

Gnocchis aux 3 fromages

Temps de réchauffage :
10 min

Ingrédients : les gnocchis.
Réchauffez à feu doux les gnocchis pendant 10 min.

Menu #2

RUMMO
Lenta Lavorazione
SPAGHETTI Nº 3
500g

Courses Menu #2

Légumes/fruits

* 1 salade trévise
* 1 grosse tête de brocoli (env. 600 g)
* 5 panais
* 2 oignons jaunes
* 1 botte d'estragon
* 5 oranges bio ou non traitées
* 2 pommes
* 1 sachet de mâche

Placard de base

* 1 cube de bouillon de légumes
* Thym
* Noix muscade
* Moutarde
* Huile d'olive
* Vinaigre balsamique
* Sel
* Poivre
* Miel liquide
* Sucre vanillé

Viande/poisson

* 800 g de filet mignon coupé en morceaux
* 4 blancs de poulet fermier
* 200 g de lardons fumés

Crèmerie

* 4 gros œufs
* 120 g de fromage bleu
* 65 cl de crème fraîche liquide
* 120 g de fromage râpé
* 150 g de parmesan râpé
* 2 pâtes feuilletées pur beurre

Épicerie

* 250 g de riz sauvage
* 500 g de spaghettis

Lundi

Plat
Tourte au poulet, estragon et trévise au vinaigre balsamique

Dessert
Salade d'oranges au miel

Mardi

Entrée
Velouté de brocoli au bleu

Dessert
Petits feuilletés aux pommes

Mercredi

Filet mignon à l'orange et au miel, riz sauvage

Jeudi

Gratin de panais et salade de mâche à l'estragon

Vendredi

Spaghettis à la carbonara

Préparation Menu #2

Au préalable

1) Si vous avez suffisamment de place, sortez les ingrédients dont vous allez avoir besoin pendant cette session de cuisine : tous sauf le bleu et la salade de mâche.
Cela permet d'avoir tout sous la main et de ne pas perdre de temps à chercher les ingrédients dans les placards et le réfrigérateur.
2) Sortez les ustensiles nécessaires :

- 1 moule haut à manqué pour 4 personnes (env. 20/22 cm)
- 1 cocotte
- 1 grand plat à four
- 1 petit plat à four
- 2 grandes casseroles
- 1 plaque à four
- 1 râpe (mandoline)
- 1 planche à découper
- 1 couteau d'office ou vide-pomme
- 1 économe
- 1 passoire
- 1 essoreuse à salade
- 1 râpe
- 6 récipients : 2 grands récipients pour le velouté de brocoli et les spaghettis carbonara, 2 récipients moyens pour la salade d'oranges et le riz sauvage, 2 petits récipients pour les vinaigrettes
- 1 grand sachet pour la salade trévise, 1 sachet pour l'estragon
- Papier sulfurisé, film alimentaire, papier absorbant

C'est parti pour 2 h de cuisine !

Commencez par préparer les légumes et les fruits.

1 La salade trévise. Épluchez la salade trévise, lavez-la sous l'eau claire, essorez-la bien et mettez-la dans un sachet.

2 Les oignons. Épluchez et ciselez les oignons.

3 Le brocoli. Détaillez les fleurettes du brocoli et lavez-les sous l'eau claire. Mettez-les dans une grande casserole.

4 Les panais. Épluchez les panais et coupez-en 4 en rondelles fines à la mandoline et 1 en petits cubes.

5 Les oranges. Zestez une orange et pressez le jus. Épluchez les 4 autres et coupez-les en rondelles fines. Mettez-les dans un récipient moyen avec le jus. Réservez immédiatement au réfrigérateur.

6 Les pommes. Lavez les pommes sous l'eau et, à l'aide du couteau d'office (ou d'un vide-pomme), videz l'intérieur.

7 L'estragon. Lavez, séchez avec du papier absorbant et ciselez l'estragon.

Commencez les cuissons. Préchauffez le four à 180 °C (th. 6).

8 Le gratin de panais. Mettez les rondelles de panais dans le grand plat à four. Salez, poivrez et ajoutez 1 pincée de muscade. Versez environ 40 cl de crème fraîche liquide (elle doit couvrir les panais, ajoutez un peu d'eau si besoin) et parsemez de fromage râpé. Enfournez pour 30 min. Laissez refroidir. Filmez.

9 Le velouté de brocoli. Émiettez 1 cube de bouillon de légumes sur le brocoli, versez 1 l d'eau et faites cuire à couvert pendant 20 min. Mixez et versez dans un grand récipient. Laissez refroidir.

10 La tourte au poulet. Versez de l'huile d'olive dans une poêle et faites revenir l'équivalent d'un oignon. Coupez les blancs de poulet en morceaux et faites-les dorer dans la poêle pendant 4 à 5 min, ajoutez les cubes de panais et la moitié de l'estragon. Mélangez bien, versez 10 à 12 cl de crème liquide, salez et poivrez. Éteignez le feu. Déroulez la pâte feuilletée dans

Préparation Menu #2

le petit moule à manqué et enlevez le surplus des bords avec un couteau (réservez toutes les chutes). Piquez le fond de pâte avec une fourchette. Versez la préparation et tassez-la bien. Déroulez l'autre pâte, posez-la par-dessus et coupez à nouveau le surplus de pâte. Scellez les pâtes en les pinçant entre le bout de vos doigts. Cassez 1 œuf dans un bol et battez-le à la fourchette, badigeonnez la tarte, réservez le reste pour les pommes. Faites une petite croix au centre avec un couteau pour que la vapeur s'échappe et enfournez la tourte pour 35 à 40 min. Laissez refroidir.

11 Le riz sauvage. Faites cuire le riz selon les indications du sachet. Égouttez-le avant de le placer dans un récipient moyen.

12 Le filet mignon. Versez 1 filet d'huile d'olive dans une cocotte et faites dorer le dernier oignon. Ajoutez les morceaux de filet mignon et faites-les bien dorer de tous les côtés. Saupoudrez de thym, salez et poivrez. Déglacez avec le jus d'orange, ajoutez 1 trait de miel et 1 bonne pincée de zeste. Laissez mijoter à couvert pendant 30 à 35 min. Versez de l'eau en cours de cuisson si la préparation commence à attacher. Laissez refroidir.

13 Les pommes feuilletées. Prenez les pommes et les chutes de pâte feuilletée. Couvrez comme vous pouvez les pommes de chutes, badigeonnez d'œuf battu pour que cela colle bien. Déposez dans le petit plat à four, ajoutez du miel dans le centre des pommes et saupoudrez de sucre vanillé. Enfournez pour 25 à 30 min

Émulsionnez et versez dans un petit récipient.

<u>**16** La vinaigrette à l'estragon.</u> Émulsionnez 1 cuil. à soupe de vinaigre balsamique et 2 cuil. à soupe d'huile d'olive, salez et poivrez. Versez dans un petit récipient et ajoutez 1 pincée d'estragon.
Mettez le reste de l'estragon dans un sachet.

avec ou à la suite de la tourte au poulet. Laissez refroidir le plat avant de le filmer.

<u>**14** Les spaghettis à la carbonara.</u> Faites cuire les spaghettis al dente selon les indications du paquet. Faites griller à sec les lardons dans une poêle et égouttez-les sur du papier absorbant. Cassez 3 œufs dans un bol, battez-les et ajoutez 10 à 12 cl de crème et la moitié du parmesan. Fouettez et poivrez bien. Versez dans les spaghettis et ajoutez les lardons. Laissez refroidir avant de placer les spaghettis dans un grand récipient.

<u>**15** La vinaigrette au vinaigre balsamique.</u> Mettez 1 cuil. à café de moutarde dans un bol, ajoutez 1 cuil. à soupe de vinaigre balsamique et 4 cuil. à soupe d'huile d'olive, salez et poivrez.

Tout est prêt ! Laissez refroidir.

À placer au réfrigérateur :

- La salade d'oranges (se conserve 3 jours)
- Le velouté de brocoli (se conserve 3 jours)
- La tourte (se conserve 3 jours)
- Le riz sauvage (se conserve 3 jours)
- Les pommes feuilletées (se conservent 3 jours)
- La cocotte de filet mignon (se conserve 3 jours)
- La vinaigrette de la trévise (se conserve 5 jours)
- La vinaigrette à l'estragon (se conserve 5 jours)
- Le sachet avec l'estragon (se conserve 5 jours)
- Le sachet avec la salade trévise (se conserve 5 jours)

À placer au congélateur :

- Le gratin de panais (se conserve 2 mois)
- Les spaghettis à la carbonara (se conservent 2 mois)

Résultat Menu #2

 Menu #2

Lundi

Temps de réchauffage :
10 min

Plat
Tourte au poulet, estragon et trévise au vinaigre balsamique

Dessert
Salade d'oranges au miel

Ingrédients : la tourte, la salade trévise, la vinaigrette balsamique, la salade d'oranges, du miel

Préchauffez le four à 180 °C (th. 6). Enfournez la tourte pour 10 min.

Versez les oranges dans un saladier et ajoutez un trait de miel, mélangez et servez en entrée, pendant que la tourte réchauffe.

Mardi

Temps de préparation :
2 min

Temps de réchauffage :
10 min

Entrée
Velouté de brocoli au bleu

Dessert
Petits feuilletés aux pommes

Ingrédients : le velouté de brocoli, le bleu et les pommes feuilletées.

Préchauffez le four à 200 °C (th. 6-7), éteignez et enfournez les pommes pendant le dîner.

Versez le velouté dans une casserole et réchauffez-le à feu doux pendant 10 min. Servez dans des assiettes creuses et ajoutez des morceaux de bleu au centre.

Mercredi

Temps de réchauffage :
10 min

Filet mignon à l'orange et au miel, riz sauvage

Ingrédients : le filet mignon et le riz sauvage.

Réchauffez à feu doux la cocotte avec le filet mignon et le riz dans une casserole pendant 10 min.

Sortez le gratin de panais du congélateur et placez-le au réfrigérateur pour le lendemain.

Temps de préparation :
2 min
Temps de réchauffage :
10 min

Jeudi

Gratin de panais et salade de mâche à l'estragon

Ingrédients : le gratin de panais, la salade de mâche et la vinaigrette à l'estragon.

Préchauffez le four à 180 °C (th. 6) et enfournez le gratin pour 10 min.

Versez la vinaigrette dans un saladier, ajoutez la salade de mâche et mélangez.

Sortez les spaghettis carbonara du congélateur et placez-les au réfrigérateur pour le lendemain.

Vendredi

Spaghettis à la carbonara

Temps de réchauffage :
10 min

Ingrédients : les spaghettis à la carbonara.

Réchauffez dans une poêle les spaghettis carbonara à feu très doux et en mélangeant régulièrement pendant 10 min.

Menu #3

Courses Menu #3

Légumes/fruits

- 1 kg de pommes de terre
- 4 petits fenouils
- 1 botte de persil
- 1 botte de cerfeuil
- 1 citron jaune non traité
- 1 ananas
- 1 sachet de mâche
- 1 petit sachet de roquette

Placard de base

- Farine
- Moutarde en grains
- Huile d'olive
- Vinaigre
- Sel,
- Poivre
- Miel liquide

Viande/poisson

- 8 quenelles de brochet
- 4 tranches de colin
- 8 tranches de jambon fumé ou de jambon de pays

Crèmerie

- 8 tranches mi-épaisses de fromage à raclette
- 12 œufs
- 1 l de crème liquide
- 250 g de ricotta
- 125 g de fromage râpé
- 125 g de beurre doux
- 1 pâte brisée pur beurre

Épicerie

- 1 bocal de passata de tomates (env. 700 g)
- 20 g de pignons de pin
- 1 pain de mie sans croûte

Lundi

Entrée
Salade de mâche aux fines herbes et pignons grillés

Plat
Croque raclette, jambon fumé

Mardi

Plat
Colin en tranches grillé, pommes vapeur et crème citron

Dessert
Ananas rôti au four

Mercredi

Tarte fenouil-ricotta et roquette

Jeudi

Gâteau de pommes de terre aux œufs et persil

Vendredi

Gratin de quenelles de brochet

Préparation Menu #3

Au préalable

1) Si vous avez suffisamment de place, sortez les ingrédients dont vous allez avoir besoin pendant cette session de cuisine : tous sauf le sachet de mâche et le sachet de roquette.
Cela permet d'avoir tout sous la main et de ne pas perdre de temps à chercher les ingrédients dans les placards et le réfrigérateur.
2) Sortez les ustensiles nécessaires :

- 1 cuit-vapeur
- 1 plaque à four
- 1 plat à four de taille moyenne
- 1 grand plat à four
- 1 poêle
- 1 petite casserole
- 1 moule à tarte
- 1 saladier
- 1 bol
- 1 planche à découper
- 1 économe
- 1 couteau d'office
- 1 presse-agrumes
- 7 récipients : 3 grands récipients pour les croques, les pommes vapeur et l'ananas au four, 1 récipient moyen pour les tranches de colin, 3 petits récipients pour la crème au citron, la vinaigrette et les pignons grillés
- 2 sachets pour le cerfeuil et le persil
- Papier sulfurisé, papier absorbant

C'est parti pour 2 h de cuisine !

Commencez par préparer les légumes et les fruits.

1 Les pommes de terre. Lavez les pommes de terre sous l'eau et faites-les cuire directement à la vapeur pendant 20 à 25 min, puis laissez-les refroidir.

2 Les fenouils. Lavez les fenouils et émincez-les finement.

3 Le citron. Prélevez les zestes du citron, puis pressez-le et réservez le jus.

4 Le persil et le cerfeuil. Lavez et séchez les herbes avec du papier absorbant. Ciselez-les finement.

5 L'ananas. Tranchez les feuilles de l'ananas et coupez-le en quatre de façon à avoir 4 belles tranches. Passez le couteau le long des tranches pour détacher la chair de l'écorce. Faites cela au-dessus du plat à four pour récupérer le jus, puis coupez en morceaux. Déposez dans le plat à four.

Commencez les cuissons. Préchauffez le four à 180 °C (th. 6).

6 L'ananas rôti. Reprenez le plat à four avec l'ananas, versez 1 trait de jus de citron et versez 1 bonne cuil. à soupe de miel sur chaque tranche. Enfournez pour 35/40 min. Arrosez régulièrement avec le jus. Laissez refroidir avant de placer dans un grand récipient.

7 La tarte au fenouil. Déroulez la pâte dans le moule à tarte. Piquez le fond avec une fourchette. Cassez 4 œufs dans un bol, battez à la fourchette, ajoutez la ricotta, 30 à 35 cl de crème liquide, 1 cuil. à soupe de moutarde, 1 bonne pincée de zeste de citron, 3 cuil. à soupe de cerfeuil et battez encore. Salez, poivrez, ajoutez les fenouils émincés et versez sur le fond de tarte. Enfournez pour 25 min, en même temps que l'ananas ou à la suite. Laissez refroidir avant de filmer.

Préparation Menu #3

<u>8 Les pommes de terre.</u> Épluchez les pommes de terre. Mettez la moitié dans un grand récipient. Coupez les autres en cubes.

<u>9 Gâteau de pommes de terre.</u> Cassez 8 œufs dans un saladier, salez, poivrez et versez ½ verre d'eau. Battez bien à la fourchette. Ajoutez les cubes de pommes de terre et 2 cuil. à soupe de persil. Versez 1 filet d'huile d'olive dans une poêle et versez la préparation. Couvrez, laissez cuire et retournez délicatement la préparation à l'aide d'une assiette. Laissez cuire encore quelques minutes. Laissez refroidir avant de filmer.

<u>10 Les quenelles de brochet.</u> Déposez dans un plat à four, en les espaçant, les 8 quenelles de brochet. Versez le bocal de passata dans un bol, ajoutez 40 cl de crème liquide et mélangez bien. Poivrez légèrement et versez sur les quenelles. Parsemez de fromage râpé et enfournez pour 40 min (en même temps que la tarte). Laissez refroidir avant de filmer.

<u>11 Les tranches de colin.</u> Passez les tranches de colin sous 1 filet d'eau, séchez-les bien avec du papier absorbant. Versez de la farine dans une assiette et farinez rapidement les deux côtés des tranches de colin. Versez de l'huile d'olive dans une poêle et faites griller les tranches pendant 4 min de chaque côté. Laissez refroidir avant de placer avant de placer le poisson dans un récipient moyen.

<u>12 Les croques.</u> Préparez les croques pour n'avoir plus qu'à les enfourner. Beurrez 1 côté de chaque tranche de pain pour que cela croustille

bien à la cuisson. Déposez sur les 8 cotés non beurrés 1 tranche de fromage à raclette et 1 tranche de jambon fumé. Refermez avec une tranche de pain de mie beurrée, coté beurré vers l'extérieur. Posez une feuille de papier sulfurisé sur le dessus du croque et pressez fort avec la paume de la main. Faites ainsi de suite et conservez les croques dans un grand récipient.

13 La crème au citron. Versez le reste de crème dans une petite casserole et ajoutez le reste de zeste et de jus du citron. Faites chauffer à feu doux. Salez et poivrez. Réservez dans un petit récipient.

14 La vinaigrette. Mettez 1 cuil. à café de moutarde en grains dans un bol, ajoutez 1 cuil. à soupe de vinaigre, 3 cuil. à soupe d'huile, salez et poivrez. Émulsionnez. Versez dans un petit récipient.

15 Les pignons. Faites griller les pignons à sec dans une poêle et réservez-les dans un petit récipient.
Mettez le cerfeuil et le persil restanst dans 2 sachets différents.

Tout est prêt ! Laissez refroidir.

Placez au réfrigérateur :
* Le colin (se conserve 2 jours)
* Les pommes de terre (se conservent 2 jours)
* La tarte au fenouil (se conserve 3 jours)
* L'ananas rôti (se conserve 4 jours)
* La crème au citron (se conserve 3 jours)
* La vinaigrette (se conserve 6 jours)
* Les croques (se conservent 3 jours)
* Les pignons (se conservent 3 jours)
* Les sachets de cerfeuil et de persil (se conservent 5 jours)

Placez au congélateur :
* Le gâteau de pommes de terre (se conserve 2 mois)
* Les quenelles de brochet (se conservent 2 mois)

Résultat Menu #3

À faire chaque soir Menu #3

Lundi

Temps de préparation :
2 min
Temps de cuisson :
10/12 min

Entrée
Salade de mâche aux fines herbes et pignons grillés

Plat
Croque raclette, jambon fumé

Ingrédients : le sachet de mâche, la vinaigrette, les pignons grillés, du persil et du cerfeuil, les croques.

Versez la vinaigrette dans un saladier, ajoutez la mâche, les pignons, du cerfeuil, du persil et mélangez.

Préchauffez le four à 210 °C (th. 7). Chemisez la plaque à four de papier sulfurisé et déposez les croques. Enfournez et retournez au bout de 6 min (surveillez la cuisson, en fonction des fours il est possible que les croques cuisent plus vite).

Mardi

Temps de préparation :
2 min
Temps de réchauffage :
10 min

Plat
Colin en tranches grillé, pommes vapeur et crème citron

Dessert
Ananas rôti au four

Ingrédients : le colin, les pommes vapeur, la crème au citron et l'ananas rôti.

Préchauffez le four à 180 °C (th. 6). Mettez les tranches de colin et les pommes de terre vapeur dans un plat à four, puis enfournez pour 10 min. Réchauffez à feu doux la crème au citron.

Éteignez le four après avoir réchauffé le plat de colin et enfournez l'ananas pour qu'il soit tiède pour le dessert.

Mercredi

Temps de réchauffage :
10/12 min

Tarte fenouil-ricotta et roquette

Ingrédients : la tarte, le sachet de roquette, du cerfeuil, huile d'olive.

Préchauffez le four à 180 °C (th. 6). Enfournez la tarte pour 10/12 min.

Avant de servir, parsemez de roquette et de persil. Versez 1 filet d'huile d'olive.

Sortez le gâteau de pommes de terre du congélateur et placez-le au réfrigérateur pour le lendemain.

Temps de réchauffage :
10 min

Jeudi

Gâteau de pommes de terre aux œufs et persil

Ingrédients : le gâteau de pommes de terre, du persil.
Réchauffez le gâteau de pommes de terre à feu doux dans une poêle couverte pendant 10 min.
Parsemez de persil avant de servir.
Sortez les quenelles du congélateur et placez-les au réfrigérateur pour le lendemain.

Vendredi

Gratin de quenelles de brochet

Temps de réchauffage :
10/12 min

Ingrédients : les quenelles, le reste de persil et de cerfeuil.
Préchauffez le four à 180 °C (th. 6). Enfournez les quenelles pour 10/12 min.
Parsemez d'un peu de persil et de cerfeuil avant de servir.

Menu #4

Courses Menu #4

Légumes/fruits

* 5 patates douces
* 2 oignons
* 1 botte de coriandre
* 4 kiwis
* 1 citron vert bio ou non traité
* 1 tranche de coco fraîche
* 1 sachet de mesclun

Placard de base

* 1 cube de bouillon de légumes
* Romarin
* Curry
* Noix muscade
* Huile de tournesol
* Huile d'olive
* Sel
* Poivre
* Sirop d'érable

Viande/poisson

* 4 blancs de poulet fermier
* 120 g de chiffonnade de bacon
* 4 dos de cabillaud

Crèmerie

* 4 œufs
* 150 g de fromages râpés mélangés (de type « 3 saveurs »)
* 50 cl de crème liquide
* 1 pâte brisée pur beurre

Épicerie

* 500 g de quinoa
* 300 g de lentilles corail
* 40 cl de lait de coco
* 200 g de chocolat extra-noir

Lundi

Plat
Patates douces caramélisées et rôties au four, au sirop d'érable et bacon

Dessert
Carpaccio de kiwis au citron vert

Mardi

Plat
Cocotte de blanc de poulet au lait de coco, coriandre et coco fraîche avec quinoa

Dessert
Ganache au chocolat extra-noir en pot

Mercredi

Tarte aux fromages et mesclun

Jeudi

Papillotes de poisson, zeste de citron vert, herbes sur lit de quinoa

Vendredi

Velouté de lentilles corail, patate douce, coco et épices

Préparation Menu #4

Au préalable

1) Si vous avez suffisamment de place, sortez les ingrédients dont vous allez avoir besoin pendant cette session de cuisine : tous sauf le sachet de mesclun et la tranche de coco fraîche.
Cela permet d'avoir tout sous la main et de ne pas perdre de temps à chercher les ingrédients dans les placards et le réfrigérateur.
2) Sortez les ustensiles nécessaires :

- 1 mixeur
- 1 plaque à four
- 1 cocotte
- 1 casserole
- 1 saladier
- 1 moule à tarte
- 1 plat à four
- 1 planche à découper
- 1 couteau d'office
- 1 Économe
- 1 bol
- 6 récipients : 3 grands récipients pour les patates douces et le bacon, les papillotes de poisson et le velouté de lentilles corail, 2 récipients moyens pour le carpaccio de kiwis et le quinoa, 1 petit récipient pour la vinaigrette
- 1 sachet pour la coriandre
- 4 petits verres ou pots pour la ganache au chocolat
- Papier sulfurisé, film alimentaire, papier absorbant

C'est parti pour 2 h de cuisine !

Commencez par préparer les légumes et les fruits.

1 Les patates douces. Épluchez les patates douces et coupez-en 4 en rondelles et 1 en petits cubes.

2 Les oignons. Épluchez les oignons et ciselez-les.

3 Le citron vert. Prélevez le zeste du citron vert et pressez-le.

4 Les kiwis. Épluchez les kiwis et coupez-les en fines rondelles. Mettez-les dans un récipient moyen et ajoutez 1 filet de jus de citron vert. Mélangez.

5 La coriandre. Lavez la coriandre, séchez-la bien avec du papier absorbant et ciselez-la finement.

Commencez les cuissons. Préchauffez le four à 180 °C (th. 6).

6 Les patates douces. Chemisez de papier sulfurisé la plaque à four. Déposez les rondelles de patates douces, salez, poivrez, parsemez de romarin et arrosez d'un filet d'huile. Enfournez pour 15 min. Arrosez d'un filet de sirop d'érable, laissez caraméliser pendant encore 10 à 12 min, puis déposez la chiffonnade de bacon. Faites griller pendant 10 min, puis laissez refroidir et réservez dans un grand récipient.

7 La cocotte de poulet. Versez 1 filet d'huile dans la cocotte et faites revenir l'équivalent d'un oignon pendant 4 min. Découpez les blancs de poulet en morceaux. Ajoutez-les et faites-les dorer de tous les côtés. Salez et poivrez. Versez la moitié du lait de coco et la quantité équivalente d'eau. Ajoutez la moitié du zeste de citron vert et faites mijoter pendant 20 min. Laissez refroidir.

8 Le quinoa. Faites cuire le quinoa selon les indications du paquet. Égouttez-le et mettez-en la moitié dans un récipient moyen. Laissez refroidir.

9 La tarte aux fromages. Déroulez la pâte dans un moule à tarte. Cassez les 4 œufs dans un saladier, poivrez bien et battez à la fourchette. Versez 30 cl de crème, ajoutez 1 pincée de muscade et battez. Ajoutez le mélange de fromages râpés et versez sur la pâte. Enfournez pour 20 à 25 min. Laissez refroidir avant de filmer.

Préparation Menu #4

<u>**10** Le velouté.</u> Versez 1 filet d'huile dans une casserole et faites revenir l'oignon restant et les cubes de patate douce pendant 5 bonnes minutes. Ajoutez 1 cuil. à soupe de curry, mélangez, versez les lentilles, mélangez encore et émiettez 1 cube de bouillon de légumes. Versez un litre d'eau et laissez cuire pendant 15 min. Versez le reste de lait de coco, salez et poivrez et laissez encore cuire pendant 10 à 12 min. Mixez et laissez refroidir. Ajoutez de l'eau si la texture est trop dense. Laissez refroidir et réservez dans un grand récipient.

<u>**11** Les papillotes.</u> Découpez 4 grandes feuilles de papier sulfurisé. Faites 4 lits de quinoa, ajoutez les dos de cabillaud, parsemez de zestes de citron vert, versez 1 bon filet d'huile d'olive, un peu de coriandre fraîche, salez et poivrez. Fermez bien hermétiquement la papillote et enfournez pour 12 min. Laissez refroidir et réservez dans un grand récipient.

<u>**12** La ganache au chocolat.</u> Faites chauffer à petits bouillons 20 cl de crème liquide. Hachez au couteau le chocolat. Hors du feu ajoutez le chocolat, mélangez jusqu'à ce qu'il fonde complètement, versez dans des petits pots ou verres. Laissez refroidir, filmez.

<u>**13** La vinaigrette.</u> Versez 1 cuil. à soupe de vinaigre dans un bol et ajoutez 3 cuil. à soupe d'huile, 1 pincée de romarin, du sel et du poivre. Émulsionnez et versez dans un bol.
Mettez la coriandre qui reste dans un sachet.

Tout est prêt ! Laissez refroidir.

À placer au réfrigérateur :

- Les kiwis (se conservent 2 jours)
- Les patates douces et le bacon (se conservent 3 jours)
- La cocotte de poulet (se conserve 3 jours)
- La tarte aux fromages (se conserve 4 jours)
- La ganache au chocolat (se conserve 4 jours)
- La vinaigrette (se conserve 6 jours)
- Le sachet de coriandre (se conserve 6 jours)

À placer au congélateur :

- Le velouté (se conserve 2 mois)
- Les papillotes de poisson (se conservent 2 mois)

Résultat Menu #4

À faire chaque soir Menu #4

Lundi

Plat
Patates douces caramélisées et rôties au four, au sirop d'érable et bacon

Dessert
Carpaccio de kiwis au citron vert

Temps de préparation :
2 min
Temps de réchauffage :
10/12 min

Ingrédients : les patates douces et les kiwis.
Préchauffez le four à 180 °C (th. 6). Déposez les rondelles de patates douces dans un grand plat à four et ajoutez par-dessus le bacon, puis enfournez pour 10/12 min.
Disposez les tranches de kiwis en rond sur une grande assiette et ajoutez le jus de citron.

Mardi

Plat
Cocotte de blanc de poulet au lait de coco, coriandre et coco fraîche, quinoa

Dessert
Ganache au chocolat extra-noir en pot

Temps de préparation :
10 min
Temps de réchauffage :
10 min

Ingrédients : la cocotte de poulet, le quinoa, la tranche de coco, de la coriandre, les pots de ganache au chocolat.
Sortez les ganaches.
Faites réchauffer la cocotte de poulet à feu doux et le quinoa dans une casserole pendant 10 min.
Taillez la tranche de coco en lamelles à l'aide d'un économe. Servez le poulet avec des lamelles de coco et de la coriandre.
Dégustez les petites ganaches en dessert.

Mercredi

Tarte aux fromages et mesclun

Temps de préparation : 5 min
Temps de réchauffage : 10 min

Ingrédients : la tarte, le mesclun, la vinaigrette.
Préchauffez le four à 180 °C (th. 6) et enfournez la tarte pour 10 min.
Versez la vinaigrette dans un saladier et ajoutez le mesclun.
Sortez les papillotes du congélateur et mettez-les au réfrigérateur pour le lendemain.

Jeudi

Papillotes de poisson, zeste de citron vert, herbes sur lit de quinoa

Temps de réchauffage : 10 min

Ingrédients : les papillotes de poisson.
Préchauffez le four à 180 °C (th. 6). Enfournez les papillotes pour 10 min.
Sortez le velouté de lentilles du congélateur et placez-le au réfrigérateur pour le lendemain.

Vendredi

Velouté de lentilles corail, patate douce, coco et épices

Temps de réchauffage : 10 min

Ingrédients : le velouté de lentilles, le reste de coriandre.
Réchauffez à feu doux le velouté de lentilles corail et parsemez de coriandre avant de servir.

Menus du printemps

Menu #1 du printemps

Lundi

Plat. Tarte feuilletée aux asperges vertes, chèvre frais, ciboulette et chiffonnade de jambon blanc
Dessert. Riz au lait

Mardi

Cocotte de chou-fleur rôti aux crevettes, pois chiches et épices

Mercredi

Entrée. Radis au beurre salé
Plat. Papillotes de blanc de poulet aux pois gourmands, persil frais, ciboulette et riz rond au bouillon de légumes

Jeudi

Orecchiette au pesto d'ail des ours et parmesan

Vendredi

Potage de fanes de radis, œufs durs et pain grillé au beurre salé

Menu #2 du printemps

Lundi

Plat. Frisée aux lardons, dés de comté, croûtons, coriandre et œufs coulants
Dessert. Gâteau 5-4-3-2-1 vanille-rhubarbe

Mardi

Côtes de porc, pommes de terre primeur, romarin et ail confit au four

Mercredi

Quiche aux fanes de carottes et salade frisée moutardée

Jeudi

Spaghettis à l'ail confit et pecorino

Vendredi

Plat. Soupe de carottes primeur au lait de coco et coriandre
Dessert. Faisselles de brebis à la compote de rhubarbe

Menu #3 du printemps

Lundi

Plat. Tarte aux légumes de printemps
Dessert. Fraises à la menthe

Mardi

Entrée. Fenouil cru râpé au citron, menthe et huile d'olive
Plat. Dos de saumon aux rondelles de citron et asperges vertes rôties

Mercredi

Gratin de macaronis au pesto de roquette et tomates cerise

Jeudi

Cocotte de bœuf aux légumes et persil frais

Vendredi

Velouté de petits pois à la menthe et cottage cheese

Menu #4 du printemps

Lundi

Plat. Gaspacho de betteraves et tartines de chèvre à l'huile d'olive et origan
Dessert. Salade de fruits rouges au thym

Mardi

Sauté de veau en cocotte aux olives vertes, poivrons et tomates

Mercredi

Aubergines au four, burrata et thym frais

Jeudi

Riz piquant aux crevettes

Vendredi

Plat. Brick aux herbes et au fromage frais, salade verte
Dessert. Coulis de fruits rouges

Menu #1 d'été

Lundi

Plat. Gaspacho tomate, pastèque, yaourt de brebis et basilic
Dessert. Cubes de melon, citron et basilic

Mardi

Boulettes de viande, riz et coulis de tomates à l'origan

Mercredi

Baguette « pizza » tomate, mozzarella, basilic et roquette

Jeudi

Plat. Poivrons farcis et pois chiches
Dessert. Sorbet melon express

Vendredi

Gratin de courgettes et riz à l'origan et au basilic

Menu #2 d'été

Lundi

Entrée. Soupe glacée de melon au basilic et chiffonnade de jambon fumé
Dessert. Semoule au lait vanillé

Mardi

Entrée. Salade de tomates au persil
Plat. Poulet en cocotte aux 40 gousses d'ail et pain frais ou grillé

Mercredi

Poêlée de légumes grillés et semoule aux raisins

Jeudi

Papillotes de maquereaux au citron, rondelles de tomates et herbes

Vendredi

Penne aux légumes grillés et parmesan râpé

Menu #3 d'été

Lundi

Plat. Velouté glacé de concombre à l'aneth et tranches de saumon fumé
Dessert. Compotée d'abricots à l'huile d'olive et romarin

Mardi

Plat. Tarte feuilletée à la courgette, moutarde, fromage et origan
Dessert. Soupe glacée de melon au miel

Mercredi

Tagine de poulet aux abricots

Jeudi

Salade de lentilles vertes aux herbes et légumes croquants

Vendredi

Lasagnes aux courgettes, ricotta et menthe

Menu #4 d'été

Lundi

Plat. Bowl pêche, roquette, tomate, feta sur quinoa
Dessert. Compote de myrtilles à la vanille

Mardi

Plat. Rôti de bœuf froid, salsa verde et carottes rôties
Dessert. Pêches rôties au miel

Mercredi

Piperade, œufs et chiffonnade de jambon de Bayonne

Jeudi

Tarte fine aux oignons et roquette

Vendredi

Pâtes, piperade, chèvre frais et basilic

Menus d'automne

Menu #1 d'automne

Lundi

Entrée. Salade de cresson à la moutarde en grains
Plat. Figues farcies au bacon et chèvre sur lit de tranches de potimarron rôties au four

Mardi

Épis de maïs et merguez grillées au four

Mercredi

Dahl de potimarron, lentilles corail et coriandre fraîche

Jeudi

Tarte au dos de saumon frais et aneth, salade verte à l'huile d'olive et au citron

Vendredi

Plat. Velouté de cresson
Dessert. Compote de figues à la cannelle et au miel

Menu #2 d'automne

Lundi

Entrée. Champignons farcis au Boursin®, pain de mie grillé
Plat. Soupe de légumes à la crème fraîche

Mardi

Entrée. Carpaccio de céleri-rave
Plat. Magrets de canard grillés et endives braisées à l'orange

Mercredi

Tourte aux champignons, châtaignes, noix et salade d'endives

Jeudi

Stew (ragoût) de bœuf aux carottes et pommes de terre

Vendredi

Pâtes au pesto de noix et persil ciselé

Menu #3 d'automne

Lundi

Entrée. Céleri râpé, yaourt et persil
Plat. Pizza au roquefort, poire, noix, jambon séché et roquette

Mardi

Sauté de dinde aux carottes, céleri et persil frais

Mercredi

Risotto aux poireaux et parmesan râpé

Jeudi

Plat. Velouté de légumes au lait de coco et pointe de Madras
Dessert. Compote de poires à la cardamome

Vendredi

Gratin de poireaux au saumon fumé

Menu #4 d'automne

Lundi

Entrée. Frites de comté sur bouquets de mâche
Plat. Velouté de panais, carottes et chips de bacon

Mardi

Entrée. Carpaccio d'oranges, huile d'olive et poivre noir
Plat. Cocotte d'agneau, ail et pommes de terre

Mercredi

Plaque de légumes au four et fromage blanc aux herbes

Jeudi

Quiche jambon-comté et salade trévise

Vendredi

Tagliatelles au pesto de mâche et pecorino râpé

Menu #1 d'hiver

Lundi

Entrée. Salade d'endives aux noix
Plat. Tarte aux légumes anciens

Mardi

Plat. Potée de bœuf au chou vert et légumes
Dessert. Compote de pommes à la vanille

Mercredi

Velouté de pois cassés aux lardons grillés

Jeudi

Gratin d'endives à la truite fumée, raifort et zestes de citron

Vendredi

Gnocchis aux 3 fromages

Menu #2 d'hiver

Lundi

Plat. Tourte au poulet, estragon et trévise au vinaigre balsamique
Dessert. Salade d'oranges au miel

Mardi

Entrée. Velouté de brocoli au bleu
Dessert. Petits feuilletés aux pommes

Mercredi

Filet mignon à l'orange et au miel, riz sauvage

Jeudi

Gratin de panais et salade de mâche à l'estragon

Vendredi

Spaghettis à la carbonara

Menu #3 d'hiver

Lundi

Entrée. Salade de mâche aux fines herbes et pignons grillés
Plat. Croque raclette, jambon fumé

Mardi

Plat. Colin en tranches grillé, pommes vapeur et crème citron
Dessert. Ananas rôti au four

Mercredi

Tarte fenouil-ricotta et roquette

Jeudi

Gâteau de pommes de terre aux œufs et persil

Vendredi

Gratin de quenelles de brochet

Menu #4 d'hiver

Lundi

Plat. Patates douces caramélisées et rôties au four, au sirop d'érable et bacon
Dessert. Carpaccio de kiwis au citron vert

Mardi

Plat. Cocotte de blanc de poulet au lait de coco, coriandre et coco fraîche avec quinoa
Dessert. Ganache au chocolat extra-noir en pot

Mercredi

Tarte aux fromages et mesclun

Jeudi

Papillotes de poisson, zeste de citron vert, herbes sur lit de quinoa

Vendredi

Velouté de lentilles corail, patate douce, coco et épices

Remerciements

Je remercie vivement mon éditrice Jeanne Mauboussin ainsi que toute l'équipe de Hachette Pratique.

Je dédicace cet ouvrage à mes 3 fils, Hugo, Edgar et Basile, étudiants !

58, rue Jean Bleuzen – 92178 Vanves Cedex

Pour l'éditeur, le principe est d'utiliser des papiers composés de fibres naturelles, renouvelables, recyclables et fabriqués à partir de bois issus de forêts qui adoptent un système d'aménagement durable. En outre, l'éditeur attend de ses fournisseurs de papier qu'ils s'inscrivent dans une démarche de certification environnementale reconnue.

Direction : Catherine Saunier-Talec
Responsable éditoriale : Lisa Grall
Responsable de projet : Jeanne Mauboussin
Responsable artistique : Cecilia Rehbinder
Réalisation intérieure : Nord Compo
Préparation de copie : Charlotte Müller
Correction : Marie-Eve Foutiau
Fabrication : Amélie Latsch
Responsable partenariats : Dana Lichiardopol-George (dlichiardopol@hachette-livre.fr)

Dépôt légal : mars 2022
86-5374-7/01
ISBN : 978-2-01-946197-3
Imprimé en Espagne par Graficas Estella

PAPIER À BASE DE FIBRES CERTIFIÉES

hachette s'engage pour l'environnement en réduisant l'empreinte carbone de ses livres. Celle de cet exemplaire est de :
2,6 kg éq. CO_2
Rendez-vous sur www.hachette-durable.fr